ウーバーイーツ

Uber Eats
副業で
月収10万円

近藤寛
Kondo Hiroshi

技術評論社

目次

第4章 配達を始める前に 疑問と不安を解消しよう

第5章 配達全般に役立つ 基礎テクニックを身に付けよう

目次

第6章 報酬アップに役立つ上級テクニックを身に付けよう

第 **7** 章　必見!あると便利アイテム&
アプリを試してみよう

第 **8** 章　兼業でもっと稼ごう

第9章 配達パートナーの
トラブル事例を確認しよう

付 録 副業の基礎知識を確認しよう

第 1 章

Uber Eatsで
月収10万円をめざそう

Section 01

Uber Eats って何?

🔑 フードデリバリー

🔑 マッチングサービス

Uber Eatsの登場によって、フードデリバリー業界は大きく変わりました。革新的なビジネスモデルでスピーディな料理の宅配を実現し、新たなデリバリー需要の開拓に成功しています。

¥ スマホアプリを利用した新しい出前サービス

Uber Eatsは、レストランの料理を自宅やオフィスなどに宅配する「出前代行サービス (フードデリバリー)」です。米国のウーバー・テクノロジーズ社が、配車サービス「Uber」で培ってきた革新的なノウハウを「料理の宅配」事業に展開することで、フードデリバリーの需要を開拓して業績を伸ばしてきました。2016年に日本に上陸してからわずか数年で、フードデリバリー業界に大きな変革をもたらしました。

Uber Eatsが従来の出前と大きく異なるのは、料理の注文・支払い・受け取りまでをスマートフォンだけで完結できるという点です。電話での注文や現金の受け渡しも必要ありません。便利でスピーディな新しいサービスが、20〜30代のデジタルネイティブな世代に支持され、利用者数を伸ばしてきました。

⊙料理の注文から受け取りまでの3ステップ

①レストランを選ぶ

②料理を注文する

③配達を待つ

▲ レストランを選んで商品を注文すると、その情報がレストラン側に伝わり料理が作られる。配達パートナーがレストランで商品を受け取り、注文者のもとへ届けてくれる。

Uber Eatsの革新的なビジネスモデル

　Uber Eatsが順調に業績を伸ばしてきた最大の要因は、その革新的なビジネスモデルにあります。従来の出前は、「レストランの従業員」が配達するのが一般的でしたが、レストラン側が配達員を確保したり、バイクなどの設備を用意したりする必要があったため、そのコストが出前を始めるうえでの障壁となっていました。

　このような出前におけるコスト面の課題を解決したのが、出前を代行するフードデリバリーです。ウーバー・テクノロジーズ社は、「出前を頼みたい注文者」と「出前をしたいレストラン」の需要と供給をつなぐサービスを提供し、多くの「配達パートナー」と契約することで、スピーディな配達を実現しました。その結果、これまで出前ができなかったレストランの料理を自宅で食べられるようになり、新たなデリバリー需要と配達業務が生まれました。

　Uber Eatsのサービスの本質は、「注文者・レストラン・配達パートナーの需要と供給をマッチングすること」であるといえます。

◉注文者・レストラン・配達パートナーの関係

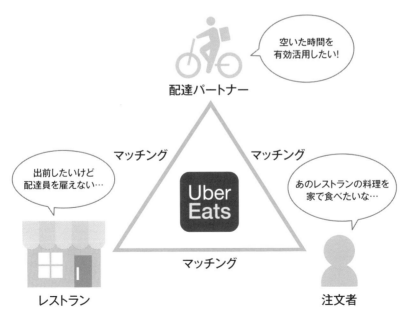

▲ Uber Eatsは「注文者」「レストラン」「配達パートナー」の3者をマッチングする役割を担っている。

第1章 ◇ Uber Eatsで月収10万円をめざそう

Section
02

Uber Eatsの魅力を知ろう

🔑 参加型サービス

🔑 Uber Eatsの魅力

ここ数年でフードデリバリー業界は急成長し、さまざまなサービスが新規参入しています。配達パートナーの需要も増え、「利用型」から「参加型」サービスに変貌しつつあります。

第 1 章 Uber Eatsで月収10万円をめざそう

💴 フードデリバリー業界の最新動向

　2016年に東京23区からサービスをスタートしたUber Eatsは、北海道から沖縄まで全国でサービスを展開しています。

　2020年以降はコロナ禍の影響を受けてフードデリバリー需要が大きく伸び、街中にいる配達パートナーも目に見えて増えてきました。また、従来はスマホアプリの利用に消極的だった高年齢層にもフードデリバリーアプリが浸透し始め、今後さらに利用者層が広がっていくと考えられます。

　日本のフードデリバリー業界は、国内・海外から多くのサービスが新規参入しており、し烈なシェア争いをくり広げています。その中でも、大きな資本を背景に先行してサービスを展開してきた「Uber Eats」と「出前館」の2つが、広いエリアと多くの配達パートナー・加盟店を確保して優位に立っています。

⊙**国内でサービスを展開している主要なフードデリバリー**

サービス名	URL
Uber Eats	https://www.ubereats.com
出前館	https://demae-can.com
Chompy（チョンピー）	https://chompy.jp
DiDi Food（ディディフード）	https://www.didi-food.com/ja-JP
menu（メニュー）	https://app.menu.jp
foodpanda（フードパンダ）	https://www.foodpanda.co.jp
Wolt（ウォルト）	https://wolt.com/ja/

Uber Eatsがここまで支持されてきたのはなぜでしょうか。ここでは4つの魅力について紹介していきます。

魅力1．スマートフォン1つでサービスが完結する

　料理の注文からキャッシュレス決済までをスマートフォンのアプリだけで完結することができます。配達先は自宅やオフィスなどに限らず、自由に場所を指定することができます。2020年以降は、料理を玄関先に置く「置き配」の指定ができるようになり、配達パートナーと顔を合わせることなく料理を受け取れるようになりました。

魅力2．これまでになかった魅力的なレストラン

　配達員を確保できずに出前を諦めていたレストランも、Uber Eatsの登場によってデリバリーが可能になりました。その結果、これまでになかった多くの魅力的なレストランや料理が、1つのアプリから注文できるようになりました。

魅力3．注文から配達までがスピーディ

　配達パートナーが常にレストランの近くに待機しているため、従来の出前よりも圧倒的にスピーディな配達を実現しています。混雑状況や配達距離などの条件にもよりますが、料理ができてから約15分ほどで配達することが可能です。

魅力4．利用するサービスから参加するサービスへ

　Uber Eatsが従来の出前と大きく異なるのは、「参加できる」という点です。あるときは注文者として「利用する」一方で、あるときは気軽に配達パートナーとして「参加する」こともできるのです。Uber Eatsという新しいサービスや働き方を体験することで感じられる楽しさや臨場感が大きな魅力といえます。

Section 03 配達パートナーの働き方を知ろう

🔑 ギグワーク

🔑 自由な働き方

配達パートナーは「ギグワーク」と呼ばれる新しいワークスタイルの代表例です。ギグワークの特徴を知って、配達パートナーの働き方のさまざまな魅力について理解しましょう。

¥ 配達パートナーの働き方4ステップ

配達パートナーの仕事は、「ギグワーク」と呼ばれる新しい働き方として注目を集めています。ギグワークの語源は、英語の「Gig（一度きりの演奏や短いセッション）」＋「Work（仕事）」に由来しています。語源のとおり、「好きなときに」「好きなだけ」働けるという気軽さが最大の特徴です。

Uber Eatsの配達パートナーの働き方はとてもシンプルで、以下の4つのステップで表すことができます。柔軟で自由なワークスタイルが、配達パートナーを惹き付ける大きな魅力となっています。

STEP 1．働きたいときにエリアに移動する
STEP 2．配達アプリをオンラインにして待機する
STEP 3．好きなだけ配達リクエストを受ける
STEP 4．やめたいときに配達アプリをオフラインにする

¥ 配達パートナーとして働く4つのメリット

配達パートナーとして働くことにはさまざまなメリットがあります。一般的なアルバイトと比較したときに際立つ4つのメリットを紹介します。

メリット1．好きなときに好きなだけ働ける

ギグワーク最大のメリットといえるのが、好きなときに好きなだけ働けることです。アルバイトのように事前にシフトを決める必要もなく、その日の都合に合わせて柔軟に働いたり休んだりすることができます。たとえば、子どもが急に熱を出して看病が必要になったとしても、誰かに迷惑をかけることなく仕

事を休めます。その反対に、急にできたスキマ時間に働くこともできます。

メリット２．仕事がシンプルで覚えることが少ない

　「レストランで受け取った料理を注文者に届ける」というシンプルな仕事なので、何度か配達するだけで流れを覚えられます。また、配達アプリもわかりやすいインタフェースになっていて、初めてでも感覚的に操作することができます。

メリット3．ゲーム性があってハマる

　Uber Eatsは、配達1件ごとに報酬が決まる歩合制になっています。ベースとなる「配送料」に「インセンティブ」という追加報酬が加算されることで、報酬が大きく変わってきます。「インセンティブをいかに攻略するか」というゲームのような要素が、単調な仕事に中毒性をもたらします。

メリット4．人間関係で悩むことがない

　配達パートナーにはいっしょに働く同僚や上司がおらず、接客業のように人と接する機会もほとんどありません。接客が苦手だったり人間関係が煩わしいと感じたりする人にとっては、うってつけの働き方といえます。ただし、人が食べる料理を運ぶ仕事なので、挨拶や清潔感といった最低限のマナーは必要です。

◉配達パートナーの4つのメリット

好きなときに働ける	仕事がシンプル	ゲーム性がある	人間関係で悩まない

Section 04

配達報酬のしくみを理解しよう

🔑 歩合制
🔑 報酬のしくみ

フードデリバリーの多くは、配達パートナーの報酬を「1配達ごとの歩合制」としています。ここではUber Eatsを例に、報酬のしくみや支払いスケジュールについて解説します。

¥ 配達パートナーは業務委託の「歩合制」

配達パートナーがアルバイトと大きく異なるのは、運営会社との関係が「雇用関係」ではなく「業務委託契約」であるという点です。そのため、配達の報酬は時間給ではなく、配達1件ごとの歩合給です。

配達が1件完了するごとに売り上げが計算され、配達アプリの画面でリアルタイムに確認することができます。また、1件・1日・1週間といった単位でも売り上げを表示できるので、目標とする金額を設定して働くことも可能です。

◎配達アプリの報酬の確認画面

◀ 配達画面には最新の報酬が表示される（左画面）。過去の売り上げを一覧で確認することもできる（右画面）。

Uber Eatsの報酬の支払いスケジュール

Uber Eatsの報酬は週払いで非常にスピーディです。毎週月曜日から日曜日までの1週間の売り上げが計算されます。その後、明細の発行と報酬の送金が行われます。送金処理に問題がなければ、締め日から1週間以内に登録した銀行口座に振り込まれます。

◉報酬の支払いスケジュール

稼働した週

月	火	水	木	金	土	日

稼働した週の翌週（報酬が送金される週）

月	火	水	木	金	土	日
AM4 締め	明細確認	海外から送金される（着金まで数日かかる）				

 Uber Eatsの配達報酬のしくみ

Uber Eatsの配達で得られる報酬は「売り上げ」と呼ばれ、以下の3つからなります。

配送料　　　　：配達の距離・時間などの条件で決まるベース報酬
サービス手数料：配送料から一定の割合で引かれる手数料
インセンティブ：上乗せされる追加報酬

配達1件あたりの売り上げは、配達エリア・時間帯・季節・天候・料理の注文の多さなどさまざまな要素によって変動しますが、インセンティブを含めて500～700円くらいが目安です。Uber Eatsの配達報酬のしくみや金額は過去に何度も改訂されており、今後も変更される可能性があります。

◉配達報酬のしくみ

売り上げ ＝ 配送料 － サービス手数料 ＋ インセンティブ

Section 05 配送料とサービス手数料のしくみを理解しよう

🔑 基本金額

🔑 配達調整金額

売り上げは、配送料・サービス手数料・インセンティブの3つからなります。まずは、売り上げのベースになる配送料とサービス手数料のしくみと計算方法を理解しましょう。

第 1 章 Uber Eatsで月収10万円をめざそう

¥ 配送料のしくみ

配送料は売り上げのベースとなるもので、「基本金額」と「配達調整金額」の2つで構成されています。

◉配送料とサービス手数料の内訳

基本金額

基本金額は、「配達に費やす予定の時間や距離」「受け取り場所」「届け先の件数」などいくつかの要素を加味して計算されます。計算される配達時間や距離は、「①待機場所からレストランまでの時間と距離」「②レストランでの待ち時間」「③レストランから配達先までの時間と距離」の合計になります。

実際の配達で予定よりも多くの時間や距離になった場合は、基本金額が加算されることもあります。また、注文数や稼働中の配達パートナーの人数のバランスなどによっても、基本金額は変動することがあります。

配達調整金額

配達調整金額は、「通常よりも交通が混雑している」「通常よりも料理の受け取りの待ち時間が長い」「通常よりもデリバリーの需要が高い」といった状況のときに、基本金額に加算されることがあります。

サービス手数料のしくみ

　サービス手数料は、配送料から一定の割合で差し引かれる手数料です。配送料のみにかかり、インセンティブやチップなどにはかかりません。サービス手数料の割合は配達するエリアごとに決まっていて、配達後にアプリの売り上げ画面で確認することもできます。

 売り上げの計算例

　実際の金額をイメージするために、具体的な売り上げの例をもとに計算方法を確認してみましょう。下の例は、横浜エリアでのある日の1件の配達の売り上げです。

◎配達の売り上げ例

売り上げ金額	配送料		サービス手数料	インセンティブ
	基本金額	配送調整金額		
706 円	173 円	389 円	56 円（10%）	200 円

　売り上げ金額706円は1件の配達の報酬ですが、その計算方法は以下のようになります。

配送料の計算式
配送料は、「基本金額＋配送調整金額」です。

173円＋389円＝562円

サービス手数料の計算式
サービス手数料は、「配送料×手数料率％」です。今回の例では１０％です。

562 円×10％＝56 円

インセンティブ
インセンティブ（Sec.06参照）は、この例では200円です。インセンティブにはサービス手数料はかかりません。

売り上げ金額
売り上げは、「配送料 － サービス手数料 ＋ インセンティブ」です。

562円-56円+200円＝706円

Section 06 インセンティブの しくみを理解しよう

🔑 インセンティブ

🔑 クエスト・ブースト・ピーク

配送料に加算されるインセンティブ（追加報酬）には、クエスト・ブースト・ピークの3種類があります。インセンティブの有無によって売り上げは大きく変わるので、きちんと理解しましょう。

第1章 ♦ Uber Eats で月収10万円をめざそう

💴 インセンティブの役割

　配送料に加算される追加報酬を「インセンティブ」といいます。インセンティブは、売り上げの金額の中で大きな割合を占めるため、配達パートナーにとっては非常に重要です。

◉インセンティブを含めた内訳

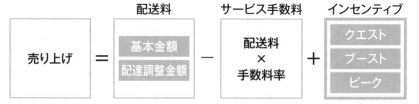

　料理の注文需要が多い時間帯やエリアで、配達パートナーの数が不足してしまうと、配達が滞ってサービスの品質低下につながります。そうした状況を避けるために、Uber Eatsの運営会社は、以下のようにインセンティブの金額を増減することで、配達パートナーの数をコントロールしてサービスの質を維持しています。

・配達パートナーが不足している　→　インセンティブを増やす
・配達パートナーが多すぎる　　　→　インセンティブを減らす

　2021年現在では、「クエスト」「ブースト」「ピーク」の3種類のインセンティブが頻繁に発生しています。金額や発生条件は、エリア・時間帯で変わるだけでなく、配達パートナーごとに異なる金額が提示されることもあります。

3種類のインセンティブについて概要を説明します。攻略方法などについて、詳しくは3章P.44であらためて説明します。

■ クエスト

配達した件数に応じてもらえるボーナスです。右図のように、3日間で「30件の配達を完了すると1,400円」「35件の配達を完了すると2,000円」というように、一定の件数をクリアするごとに追加報酬が支払われます。「目標件数と金額の組み合わせ」は何種類か用意されており、自分の能力に応じて選べます。毎週発生する「平日クエスト」「週末クエスト」のほか、雨の日に臨時で発生する「雨クエスト」があります。

■ ブースト

あらかじめ指定されたエリア・時間帯で配達した場合にのみ加算されるインセンティブで、基本金額が一定の倍率で増額されます。数日前から配達アプリに個別に通知されるため、事前に確認することができます。右図の例では、赤い線で囲まれたエリアに「1.1倍」と表示されており、赤枠内のエリアで稼働したときに基本金額が1.1倍されます。

■ ピーク

主に「配達パートナーが不足しているエリア」でリアルタイムに発生するインセンティブです。そのときの注文量と配達パートナーの需給バランスによって変動するため、事前に通知されることはありません。ピーク料金が適用されるエリアは、右図のように赤いヒートマップで表示されます。配達パートナーがピークエリア内にいるか、またはピークエリア内のレストランの配達リクエストを受けた場合のみ適用されます。

第1章　Uber Eats で月収10万円をめざそう

19

月収10万円の
モデルケース

🔑 月収10万円

🔑 モデルケース

フードデリバリーの副業で月に10万円稼ぐためには、どれくらい働けばよいのでしょうか。モデルケースを参考にして、あなたに合った働き方をイメージしてみましょう。

💴 実際の稼働例で月収10万円をイメージする

　副業であれば、月収10万円が1つの目標金額となるのではないでしょうか。どのような働き方をすれば月10万円を稼げるのか、まずは筆者の実際の稼働履歴を具体例として見ていきましょう。

　筆者はWebライターなどのデスクワーク系の仕事が多く、1日中座りっぱなしということも珍しくありません。そのため、午前中はデスクワークに集中し、夕方からUber Eatsの配達をすることで、適度な運動と副業収入を得ることができています。

　1週間のうち、平日は3〜4時間、5,000円を目安に配達しています。配達件数が少ないためクエスト報酬は少ないですが、需要の多いピーク時間帯に稼働することでインセンティブ（ブーストやピーク）を取るようにしています。稼働履歴の例では、1配達あたり625円、1時間あたり約1,600円、1週間で26,256円の収入となりました。1週間で25,000円稼ぐことができれば、1か月で10万円の副業収入を得られるわけです。

◉スマホアプリの売り上げ管理画面

	1月18日 - 1月25日	
‹	**¥24,556**	›
	正味の料金	

| 月 | 火 | 水 | 木 | 金 | 土 | 日 |

42	16h 24m
乗車	オンライン時間

概要	ドライバー (1人)	車両 (1台)

週ごと

正味の料金	¥24,556
1回の乗車あたり	¥585
1時間あたりの乗車料金	¥1,497
移動距離ごとの乗車料金	¥363

◀ 筆者のある1週間の稼働履歴。24,556円にクエストの報酬がプラスされたものが報酬となる。

◉ 1週間の稼働履歴

曜日	売り上げ	稼働時間	クエスト	合計金額
月曜日	4,974 円	3 時間 23 分	0 円	4,974 円
火曜日	4,539 円	3 時間 52 分	0 円	4,539 円
水曜日	4,999 円	2 時間 49 分	700 円	5,699 円
木曜日	5,967 円	3 時間 36 分	1,000 円	6,967 円
金曜日	4,076 円	2 時間 42 分	0 円	4,076 円
土曜日	0 円	0 時間	0 円	0 円
日曜日	0 円	0 時間	0 円	0 円
合計	24,556 円	16 時間 23 分	1,700 円	26,256 円

▲ 2021年1月、横浜エリアにおいて電動アシスト付き自転車で配達したときの稼働履歴。

¥ 月収10万円のモデルケース

　月収10万円の稼働パターンを考えてみましょう。配達するエリアや車両、季節、時間帯によって稼ぎやすさは違ってきますが、ここでは1時間あたりの売り上げを1,500円として計算しています。

◉ モデルケース①：平日ちょこっと配達パターン

　平日に少しずつ稼働する場合は、1日3 〜 4時間、8 〜 10件くらいの配達を目指しましょう。エリアにもよりますが、1週間に40 〜 50件の配達ができれば、週に25,000円、月に10万円の収入が得られます。平日のクエストは40件くらいの目標設定となるため、クエストの金額は少ないですが、注文が多いピーク時間帯(11 〜 14時、18 〜 21時)を中心に稼働することで、「ブースト」「ピーク」を狙って効率よく稼ぐことができます。

◉ モデルケース②：週末ガッツリ配達パターン

　土日のみ稼働する場合は、1日8時間、20件の配達を目指しましょう。週末は平日に比べると注文需要が多いため、ピーク時間帯はもちろんのこと、それ以外の時間帯でも多くの配達リクエストがあります。ただし、1日当たりの稼働時間が長くなるので体力が必要です。原付バイクやクロスバイクなどの利用も検討しましょう。

副業で稼ぐためのカギはノリと好奇心

最近、フードデリバリーに代表されるような「ギグワーク」のような仕事が増えてきました。いつでも好きなときに働くことができるので、自由度の高いギグワークはまさに副業にうってつけの働き方です。働き方の選択肢が増えることは、私たちにとって副業で稼ぐチャンスが増えることでもありますが、実際に副業で稼いでいる人はまだまだ少ないのが現実です。

筆者は、副業アドバイザーとして多くの人から副業に関する相談を受けてきました。その中で実際に副業で稼げる人に共通している特徴は、「ノリがよいこと」「好奇心があること」の2つだと思います。

● 大半の人はノウハウコレクターで終わる現実

大半の人は、副業に興味があっていろいろ調べるものの、残念ながら実際に行動に移すことはありません。いわゆる「ノウハウコレクター」です。しかし、副業で稼げる人は、調査したり経験者に相談したりするのもそこそこに、持ち前のノリのよさですぐに始めてしまう特徴があります。話を聞いたりSNSで調べたりする10時間よりも、自分で体験する1時間のほうが手っ取り早くて価値があるため、すでにほかの大勢よりも先んじています。

● 好奇心が成功につながる

副業を実際に始める人は少なく、さらに1年間続けられるのはほんのひと握りの存在といえます。それでは、副業を1年間続けるために大切なことは何でしょうか？ 忍耐力でしょうか？ 筆者は「好奇心」であると考えます。副業は始めるのも自由ですが、やめるのも自由なので、我慢をしているようでは長続きしません。副業に対して自分なりに興味を持ち、追究する気持ちを持つことが大切です。

失敗しても話のネタになる――それくらいの軽い気持ちでフードデリバリーに挑戦してみてはいかがでしょうか。

第 2 章

配達パートナーに登録しよう

配達パートナーの登録手順を知ろう

🔑 登録の流れ
🔑 書類の準備

配達パートナーの登録は、すべての手続きをオンラインで行うことができます。スムーズに登録手続きを進めるためにも、事前に流れを把握して、必要な書類を準備しましょう。

第2章 配達パートナーに登録しよう

¥ 配達パートナー登録の流れを理解する

Uber Eatsで配達の仕事を始めるためには、事前に配達パートナーとして登録する必要があります。審査に使用する書類は、スマートフォンで撮影した画像をアップロードするため、審査におけるすべての手続きはオンラインで完結することができます。

配達パートナーの登録には6つのステップ（下図参照）があり、スマートフォンまたはパソコンのブラウザ上から手続きすることができます。登録に必要な書類の準備ができていれば、申請自体の所要時間は1時間もかかりません。また、申請が承認されるまでの期間は、早ければ数日、最長で2週間となっています。

◉登録における6つのステップ

Section 9	アカウント作成	(P.26 参照)
Section 10	車両登録	(P.28 参照)
Section 11	書類のアップロード	(P.30 参照)
Section 12	銀行口座登録	(P.32 参照)
Section 13	アカウント審査中の準備	(P.35 参照)
Section 14	アカウント承認後の準備	(P.36 参照)

配達パートナーとして登録する際は、プロフィール写真のほかに、配達に利用する車両の各種書類（免許証など）を提出する必要があります。

◎ プロフィール写真

プロフィールに登録する写真は、注文者やレストラン加盟店が利用するアプリに表示されます。プロフィール写真で相手に与える印象が大きく変わるので、清潔感のあるさわやかな写真にするのがポイントです。スマートフォンで撮影した画像で問題ありません。

▲ 正面を向き、頭から肩口まで写っているものを用意する。帽子・サングラス・マスクを着用した写真は不可。

◎ 車両登録のための書類

登録する車両によって用意する書類は異なります。配達に使用する車両に応じて必要な書類を準備してください。アカウント登録の前に、スマートフォンで画像を撮影しておくとよいでしょう。

◉ 登録車両別の必要書類

車両の種類	必要書類
自転車	・身分証明書 ※パスポート、運転免許証、個人番号カードのいずれかの有効な身分証の写真を撮影する
原付バイク	・運転免許証 ・自動車登録番号標（ナンバープレート）の写真 ・自動車損害賠償責任保険（自賠責）の証明書
軽自動車・ バイク（125cc超）	・運転免許証 ・自動車登録番号標（ナンバープレート）の写真 ・自動車損害賠償責任保険（自賠責）の証明書 ・自動車検査証（車検証）または軽自動車届出済証 ・自動車保険（任意保険）または共済保険の証明書

必要な書類は変更になる場合があります。最新の情報は「http://t.uber.com/jpdoc」にアクセスするか、右のQRコードを読み込んで確認することができます。

第2章　配達パートナーに登録しよう

Section
09

STEP1.
アカウントの作成

🔑 配達する都市
🔑 招待コード

配達パートナー登録サイトにアクセスしてアカウントを作成します。あとから変更できない項目もあるので、どんな項目があるのか事前に確認しておくとよいでしょう。

¥ アカウント作成の手順

まず初めに、スマートフォンまたはパソコンで、Uber Eatsの配達パートナー登録サイト（http://t.uber.com/ues）にアクセスします。

スマートフォンの場合は右のQRコードを読み込むと、配達パートナー登録サイトにアクセスできます。

下図のように、登録サイトのトップ画面でメールアドレスを入力すると、アカウント情報の入力フォームが表示されます。

◉登録サイトトップ（左）とアカウント情報フォーム（右）

　入力する項目は、「メールアドレス」「名・姓（ローマ字）」「電話番号（携帯電話）」「パスワード（ログイン時に使用）」「都市（都市名）」「招待コード」です。下の例を参考に正しく入力しましょう。

◉アカウント情報の入力項目と説明

入力項目	説明（記入例）
メールアドレス	メールアドレスを登録します。Gmail や Yahoo! メールなどのフリーメールも利用できます
名（ローマ字） 姓（ローマ字）	名・姓の順番でローマ字入力します 記入例「Shota Suzuki」
電話番号	配達に使用するスマートフォンの電話番号を入力します。電話番号がないデータ SIM 契約のスマートフォンは配達に使用できないので注意が必要です 記入例「09012345678」
パスワード	任意のパスワードを入力します
都市	配達する予定の都市名を入力します。都市名を途中まで入力すると候補が出るので選びましょう 記入例「沖縄県沖縄市」
招待コード	招待コードの入力は省略可能です。配達を始めるにあたって紹介者がいる場合は入力しましょう。なお、アカウント作成後に登録・変更することはできません

　登録する「都市」は、自分が稼働する予定の都市を登録します。登録する都市がどこであっても、すべての都市で稼働することができますが、登録した都市のみで有効になるインセンティブなどがあります。登録した都市はあとから変更することもできますが、インセンティブが反映されるまでに最長で2週間かかります。

　「招待コード」には、すでに配達パートナーとなっている人からの紹介で配達を始める場合に、その人の招待コードを入力します。基本的には紹介した側のみにメリットがある制度なので、入力しなくても問題ありません。

STEP2.
配達車両の登録

🔑 3種類の車両

🔑 事業用登録

配達に使用する車両は3種類から選ぶことができます。あとから変更することも可能ですが、時間と手間がかかるので事前に検討しておきましょう。

¥ 登録できる車両は3種類から選ぶ

配達に使用できる車両は、「自転車」「原付バイク」「軽自動車・バイク（125cc超）」の3種類で、レンタルしたものでも登録可能です。ただし、軽自動車・バイク（125cc超）を利用する場合は、事業用として登録されている車両に限られます。

軽自動車の場合は「黒色の自動車登録番号標（ナンバープレート）」、バイク（125cc超）の場合は「緑色の自動車登録番号標（ナンバープレート）」である必要があります。自家用車での配達は法律に違反する行為であり、罰則の対象となるので注意が必要です。

ほとんどの配達パートナーは、原付バイクか自転車を選択しています。試しに配達してみたい場合は、登録がかんたんで経費がかからない自転車、体力に自信がないけれどたくさん配達したい場合は原付バイクがおすすめです。

◉ 登録できる3種類の車両

原付バイク

軽自動車・バイク（125cc超）

自転車

 Uber Eatsが徒歩による配達の試験導入を開始

2021年6月、Uber Eatsは上記の3種類の車両のほか、徒歩での配達サービスを一部の地域で試験的に導入しました。近距離の配達が多い都市部に限定されると予想されますが、近く本格導入される可能性があります。

🔰 配達車両における禁止行為

配達車両に登録した車両以外で配達する行為は禁止されています。たとえば、「自転車登録にもかかわらず原付バイクで配達する」などの行為です。こうした禁止行為を行うと、配達パートナーのアカウントが永久停止されるだけでなく、万一の事故の際に保険が適用されなくなる可能性があります。そのほかのアカウント停止になる禁止行為については、P.38を参照してください。

🔰 配達車両の登録手順

Uber Eatsの配達で使う車両を、画面に表示された3種類から選択します。車両の種類を誤って登録した場合は、サポートへの変更依頼が必要になってしまうため、間違えてタップしないように気を付けましょう。

車両選びのポイントについては、Sec.27で詳しく解説しています。車両選びで迷ってしまう場合は、まずは自転車で登録しておいて、業務に慣れてきたらほかの車両に変更することも可能です。

▲ 自転車での配達であれば、プロフィール写真と身分証明書の2点のみの提出で済むのでお手軽。配達車両を選ぶときのポイントは、あとのセクションで詳しく説明する。

車両を間違えて登録してしまったときや不明な点があるときは、Uberのヘルプページ「https://help.uber.com/」にアクセスするか、右のQRコードを読み込んで確認することができます。

Section 11

STEP3.
書類のアップロード

🔑 パートナーサイト

🔑 書類のアップロード

配達車両に応じて、審査に必要な書類をアップロードしましょ
う。すべての書類をアップロードすると、オンラインで自動的
に審査が開始されます。

第2章 配達パートナーに登録しよう

¥ パートナーサイトへのアクセス

　スマートフォンまたはパソコンで「パートナーサイト」(http://partners.
uber.com)にアクセスします。

　スマートフォンの場合は右のQRコードを読み込むと、パートナーサイ
トにアクセスできます。

　トップ画面の左上のメニューから「プロフィール」を選択し、プロフィール
画面の上部にある「ドキュメントの管理をする」タブを選ぶと、書類のアップ
ロード画面に移動します。

◉ パートナーサイトトップ画面(左)とプロフィール画面(右)

▲ パートナーサイトでは、登録情報の変更のほか、売り上げや過去の配達のパフォーマンス確認などができ
るため、この機会に使い方を覚えておきたい。

　パートナーサイトの「ドキュメントの管理をする」画面に移動すると、審査に必要な書類を一覧で確認することができます。画面をタップすると、写真のアップロードボタンが表示されるので、スマートフォンで撮影した書類の画像を選んでアップロードします。書類をすべてアップロードすると、オンラインで自動的に審査されます。

　それぞれの書類ごとに承認ステータスが随時更新されるので、「ドキュメントの管理をする」画面でいつでも進捗を確認することができます。

◉ **アップロード書類の一覧（左）と写真の選択画面（右）**

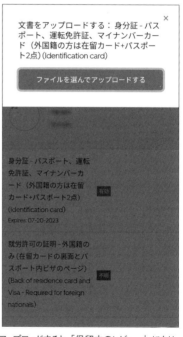

▲ 最初はステータスが「不明」になっているが、アップロードすると「保留中のレビュー」になり、承認されると「有効」に変わる。

　審査を待つ時間に準備する

審査には最大で2週間ほどかかりますが、書類に不備がなければ通常は数日で完了します。審査待ちの間に以降のSTEPを済ませておきましょう。

Section
12

STEP4.
銀行口座の登録

🔑 銀行口座

🔑 送金トラブル

配達報酬を受け取るための銀行口座を登録します。決められた表記に従って正しく情報を入力しないと、送金トラブルのもとになります。慎重に登録を進めましょう。

第 2 章 ◆ 配達パートナーに登録しよう

¥ 銀行口座の登録に関する注意点

　配達報酬の振り込み先（銀行口座）は、Uber Eatsのパートナーページから登録します。Uber Eatsからの振り込みは海外の口座から送金されますが、一部の銀行では海外口座からの振り込みに対するセキュリティが厳しく、振り込まれないトラブルが報告されています。銀行口座は、送金トラブルが少ない「三菱UFJ銀行」と「三井住友銀行」がおすすめです。

◉銀行口座登録の注意点

・ゆうちょ銀行・信用金庫・各種ネット銀行は振り込み先として登録できない
・本人名義以外の銀行口座は登録できない
・送金トラブルが少ないのは「三菱UFJ銀行」と「三井住友銀行」

¥ 銀行口座の登録手順

　スマートフォンまたはパソコンなどのブラウザから、パートナーサイト「https://drivers.uber.com/p3/banking/」にアクセスして、銀行口座を登録します。

　スマートフォンの場合は右のQRコードを読み込むと、配達パートナー登録サイトにアクセスできます。

パートナーサイトに移動したら、銀行口座の登録フォームに入力していきます。入力に注意が必要な項目が多いので、以下の説明と記入例を参考にして、慎重に進めてください。すべての入力が完了したらフォームを送信します。

◉銀行口座の入力項目と説明（記入例）

入力項目	説明（記入例）
口座名義人の氏名	口座名義人の氏名を「名・姓」の順でローマ字入力します。名と姓の間にはスペースが必要です 記入例：「Shota Suzuki」
受取人の氏名（カタカナ）	受取人の氏名を「姓・名」の順でカタカナで入力します。姓と名の間には半角スペースが必要です。入力した名前はフォーム送信後に自動的に半角に変換され、「やゆよ」などの小文字は大文字に変換されますが、エラーではありません 記入例：「スズキ ショウタ」で送信→「スズキ ショウタ」と表示される
住所	口座に登録している名義人の住所をローマ字で記入します。日本における住所表記の最後から記入します。建物名は省略します 記入例：「渋谷区恵比寿 1-2-3 ウバマンション 101 号室」の場合は「1-2-3-101, Ebisu, Shibuya-ku」
名義人都道府県	口座名義人の住所の都道府県名をローマ字で記入します。「都道府県」の部分は省略します 記入例：「東京都」の場合は「Tokyo」、「大阪府」の場合は「Osaka」
名義人郵便番号	口座に登録している名義人の住所の郵便番号を半角数字で記入します 記入例：「123-4567」
金融機関名	日本語で銀行名を入力します。候補となる銀行の一覧がドロップダウンメニューで表示されるので、該当するものを選びます

入力項目	説明（記入例）
金融機関コード	選択した銀行の４桁の金融機関コードを入力します。金融機関コードがわからない場合は、登録する銀行に問い合わせてください 記入例：三菱 UFJ 銀行 0005、三井住友銀行 0009
支店コード	選択した銀行の３桁の支店コードを半角数字で入力します。支店コードがわからない場合は、登録する銀行に問い合わせてください
銀行口座番号	銀行の口座番号７桁を半角数字で入力します
口座の種類	銀行口座の種類を「普通」「当座」「貯蓄」の中から１つ選択します

　「住所」は日本語での書き方とは順番が異なります。記入ミスをすると送金トラブルにつながるため、フォームを送信する前に再度確認しましょう。

◉登録フォーム（住所の入力例）

▲ 通常、住所は都道府県から記入するが、配達パートナーへの登録の際は番地から記入する。

STEP5.
アカウント審査中の準備

🔑 配達アプリ
🔑 パートナーガイド

書類のアップロードが完了すると審査が行われます。承認を待っている間も配達に向けてできることはあります。ここでは「配達アプリ」と「パートナーガイド」について紹介します。

配達アプリをインストールする

配達に向けた準備として、配達で使用する「Uber Driver アプリ」をスマートフォンにインストールします。登録したアカウントが有効になると、サインイン画面からログインできるようになります。アカウント承認メールを受け取ったら、まずはログインできるかどうかを確認しましょう。

● Uber Driverアプリのダウンロード（iOS版）

● Uber Driverアプリのダウンロード（Android版）

Uber Eats配達パートナーガイドを読む

アカウントの承認を待つ間に、「Uber Eats配達パートナーガイド」（http://t.uber.com/dpgb）（以下、パートナーガイド）に目を通しておくとよいでしょう。配達の仕事の基本動作からアプリの操作方法のかんたんな説明まで、初心者に役立つ情報が掲載されています。また、配送報酬やエリアごとの営業時間の情報なども載っているので、配達に慣れてからも最新版が出たらチェックするようにしましょう。

Section
14

STEP 6.
アカウント承認後の準備

🔑 承認メール

🔑 配達バッグ

アカウント作成時に登録したメールアドレス宛に承認通知が届いたら、配達バッグを購入しましょう。ほかのフードデリバリーで兼用したい場合は、ロゴなしバッグの購入がおすすめです。

¥ アカウント承認後の流れ

アップロードした書類がすべて承認されると、登録したメールアドレス宛にアカウント承認の通知が届きます。この時点ですでにアカウントは有効になっているため、バッグやそのほかのアイテムを用意できれば、いつでも配達を始めることができます。

⊙アカウント承認後の流れ

アカウント承認 → 配達バッグ購入 → 配達開始

▲ 配達バッグを購入すれば、アカウント承認後にすぐ配達を始められる。

Uber Eatsの配達で使用するバッグは、配達パートナーが自分で用意します。使用するバッグの指定はとくにありませんが、どのようなバッグでも配達に使えるわけではありません。右ページの解説を参考に用意しましょう。配達バッグのほかにも、「安全のために必要なアイテム」や「あると便利なアイテム」など、いろいろと準備するものがあります。詳細は第3章で解説します。

もしも配達に関して不明点や疑問がある場合は、メール内で案内されているサポート宛に質問することができます。

配達バッグに必要な機能と選び方

　配達バッグに求められる最低限の機能は、断熱性と防水性の2点です。レストランの料理を「できたて」の状態で届けるためには、断熱性が必要になります。また、雨の日に配達するつもりがなくても、急な雨に備えて防水性も必要です。

　次に考慮すべき点は、配達バッグの大きさと使い勝手です。バッグが小さいほうが軽くて体への負担は少ないですが、小さすぎると料理がバッグに収まらないことがあります。無理して商品を押し込むとバッグの中で容器が破損するので、バッグの大きさや拡張機能もあったほうがよいでしょう。内部に仕切りや小バッグが付いているとさらに便利です。

● Uber Eatsの配達バッグの特徴

　機能を十分に備えたバッグを適正価格で購入するもっとも確実な方法は、Uber Eatsのアカウント承認メール内の案内から購入することです。高額な転売商品や機能が不足したバッグを購入する心配がありません。

　Uber Eatsの配達バッグには、「Uber Eats」のロゴが入っているものと、ロゴが入っていないものの2種類が用意されています。どちらもバッグを拡張する機能が付いているので、寿司やピザのような平皿にも対応可能です。使い勝手の面ではロゴありのバッグのほうが人気があるようですが、Uber Eats以外のフードデリバリーと兼用するのであれば、ロゴなしのバッグの購入がおすすめです。配達バッグの使い方については、Sec.26で説明します。

◉ Uber Eatsの配達バッグ（ロゴなし）

▲ Uber Eatsのブランドロゴがないバッグ。左が通常時、右が拡張時。ほかのフードデリバリーサービスと兼用する場合はロゴなしがおすすめ。バッグの両サイドに付いているネットには配達アイテムなどを収納することができる。寿司やピザのような平皿の料理は、バッグ下部を拡張して収納することができる。

第2章
配達パートナーに登録しよう

37

Column

アカウント停止になる行為を知ろう

Uber Eatsでは、配達業務において不正な行為を行った場合は、配達パートナーのアカウントが「一時停止」または「永久停止」されることがあります。どちらの停止措置がなされるかは違反した内容によって異なります。アカウントが永久停止になると、基本的には二度と有効化されることはありません。身に覚えのない理由によってアカウントが停止されてしまった場合は、サポートに問い合わせてみましょう。ここでは過去にアカウント停止措置がなされたケースの一部をまとめて紹介します。

● **アカウント停止措置となる行為の例**

・レストランと注文者からの評価が著しく低い
・キャンセル率が高い
・常に配達が遅延している
・不正な情報でアカウント登録している
・他人のアカウントを不正使用した
・配達アプリの顔認証で他人の顔写真をアップロードした
・自分が注文した商品を自分で配達した
・不正に配達距離を稼いだ
・不慮の事故に巻き込まれた
・不正な配達をしたとみなされた
・注文者のプライバシーを保護しない行為をした

禁止される行為の判断基準は、すべてが明らかにされているわけではないため、アカウント停止対象の行為は上記だけとは限りません。そのため、「うっかり禁止行為をしてしまわないか」と不安に思われるかもしれませんが、実際はそれほど心配する必要はありません。なぜなら、常識を持って正しく配達をしている限りは、これらの禁止行為に抵触することはないからです。配達パートナーとして、「安全に」「正しく」「迅速に」配達することを心がけましょう。

第 3 章

配達の流れとしくみを知ろう

Section 15

配達に適した服装を準備しよう

🔑 天気予報

🔑 防水・防寒・速乾

配達パートナーが安全で快適に仕事をするためには、配達に適した服装をする必要があります。出発前に天気予報を確認し、万全の対策をして配達に臨みましょう。

¥ 配達の服装に決まりはあるの?

　フードデリバリーサービスの中には、ブランドイメージをアピールするために、バッグや帽子などにロゴが入った制服を用意しているところもありますが、ほとんどの場合は配達する際の服装は自由です。しかし、服装の指定がないからといって、どのようなものでもよいわけではありません。料理を配達するための条件として清潔感のほかに、「防水性」「防寒性」「速乾性」を意識して服装を選ぶのがポイントです。ここでは、天候や季節、時間帯などのシチュエーションごとに、配達に適した服装を紹介していきます。

¥ 晴れた日の服装は動きやすさを重視する

　晴れた日の服装は動きやすさを重視します。無難にまとめるなら、通気性と速乾性のあるチノパンとポロシャツの組み合わせが清潔感があっておすすめです。気温の変化に合わせて、下にタイツを着て微調整することもできます。本格的なサイクルウェアなども、清潔感があれば問題ありません。

◎ 配達車両によっても最適な服装は変わる

　車両によって最適な服装は違ってきます。冬の防寒対策を例にとると、バイクの場合は厚手のコートやジャケットなどの防寒着でも構いませんが、自転車の場合にはおすすめできません。なぜなら、厚手の上着ではペダルを漕ぐときに動きにくいうえ、汗を外に逃がすことができず体が冷えてしまうからです。自転車で配達をするときは、ある程度動きやすく蒸気を外に逃がせる防寒着や、速乾性のあるタイツを着るのがおすすめです。

第 3 章 配達の流れとしくみを知ろう

¥ 雨の日の服装は防水性を重視する

　自分が注文者だった場合、雨でびしょ濡れになった配達パートナーが料理の配達に来たら、おそらくよい気持ちはしないはずです。そのため、雨が多い季節は、天気予報が雨でなくてもレインコートを常備したほうがよいでしょう。また、配達中に雨が降ると予想されるときは、万全の雨対策をして配達に出かけるようにしましょう。

　雨が強いときは、通常のレインコートでは対策としては不十分です。自転車やバイクで運転をしていると、袖口や隙間から浸水してしまい、汗や雨が内側にこもってしまいます。このような状態で配達を続けると、体が冷えて体調を崩してしまうだけでなく、運転に集中できずに危険です。おすすめは、ワークマンなどで販売されているバイカー向けの耐水圧性能の高い防水ウェアと防水ブーツを装備することです。さらに「透湿性能」に優れたものを選べば、水分を外側に逃がしてくれるので、雨の日でも快適に配達することができます。

⦿バイカー向けの耐水圧性能の高いウェアとブーツ

◀ ワークマンには配達に役立つアイテムがたくさんあるので、配達に必要なものをまとめて調達するのに便利。
URL：https://workman.jp/shop/

¥ 夜の配達の服装は防寒性・安全性を重視する

　昼から夜にかけて長時間稼働するようなときは、天気予報で夜の冷え込み具合を確認してから家を出るようにしましょう。とくに春と冬は、昼と夜の気温差が大きいため、夜の冷え込みを考慮した防寒対策が必要です。もしも配達中に対策が不十分だと感じたら、無理をせずに早めに切り上げましょう。

　自転車で配達している場合、とくに夕方以降の暗くなる時間帯は、車のドライバーからその存在が見えないことがあります。安全のために明るい色の服を着たり、車のライトに反射する素材のアイテムを身に着けましょう。

Section 16 アイテムの準備と 出発前チェックをしよう

🔖 配達アイテム

🔖 チェックリスト

配達業務をスムーズにこなすために必要なアイテムをそろえましょう。配達に慣れるまでは、チェックリストを用意して、配達前に確認してから家を出るのが安心です。

💴 配達アイテムを準備する

配達を始める前に調達しておきたいアイテムを紹介します。以下に挙げた必須アイテムの中には「Uber Eatsパートナーガイド」（Sec.13参照）では必需品とされていないものもありますが、実際に配達しているほとんどの配達パートナーが持っているものばかりです。初めての配達のときにはすべて用意しておくことをおすすめします。

⦿配達業務に必須のアイテム

アイテム	説明
配達車両	アカウント作成時に登録した車両を使用します。登録車両を変更したい場合は、必ずサポートに届け出るようにしましょう
スマートフォン	配達アプリ（Uber Driver アプリ）をインストールしたスマートフォンを使用します
配達バッグ	必ず保温・保冷機能があるバッグを使用します
スマホホルダー	スマートフォンを車両に固定することで、手を使わずに画面を確認することができます。スマホホルダーのかわりに、首掛けストラップや腕に装着するタイプなどを使う人もいます
モバイルバッテリー	スマートフォンを充電するために使用します。充電ケーブルも忘れないようにしましょう
緩衝材	配達バッグの中で料理が動かないように固定することができます。必要に応じて内部を仕切る板なども用意します
ヘルメット	安全のために必ず装着します。自転車であってもヘルメットを着用しましょう

第3章 配達の流れとしくみを知ろう

チェックリストを作って出発前に確認する

　配達しようといざ家を出てから忘れ物に気付く――ということはよくあることです。忘れ物を取りに帰ると稼ぎ時のピークタイムを逃してしまうこともあるため、配達に慣れるまではチェックリストを活用することをおすすめします。持ち物以外にも気を付けるべき項目をリスト化するとよいでしょう。下の例を参考に、自分の条件に合わせてカスタマイズしてみてください。

◉ **配達を始める前のチェックリスト**

チェック項目	説明
必須アイテム	左ページで紹介した配達アイテムがあることを確認します
便利アイテム	あると便利なアイテム（第7章参照）があることを確認します
補助アプリ	配達に役立つアプリ（第7章参照）が使えることを確認します。出発前にその日の情報をチェックして、待機場所を決めます
バッテリー残量	スマートフォンのバッテリー残量をチェックします。配達アプリはバッテリー消費が激しいため、残量の少ないスマートフォンでの配達は配達不能になるリスクがあります。モバイルバッテリーの残量も同様に確認します
ガソリン残量	バイクで配達する場合は、ガソリンの残量を確認します。1日100キロ以上走行することも少なくありません
車両点検・整備	バイクはもちろん、自転車も安全のために車両チェックが必要です。とくに「ブレーキの効き」「タイヤの空気圧・溝の深さ」「ランプの点灯」など、安全に直結することは必ず点検してください
天気予報	家を出る前に天気予報をチェックし、雨が降りそうであれば防水対策をします。長時間配達する場合は、昼と夜の気温差にも注意して防寒対策をします
釣り銭	「現金払い」を受け付ける場合には、釣り銭を忘れないように持っていきます。現金払いの対応方法についてはSec.35で解説します

第3章　配達の流れとしくみを知ろう

Section
17

配達アプリを
オンラインにしよう

🔑 サービスエリアの確認

🔑 オンライン

準備が整ったら、いよいよ配達スタートです。配達依頼が受けられるサービスエリアに移動し、配達アプリをオンラインにしてリクエストを受けましょう。

第 3 章 配達の流れとしくみを知ろう

¥ サービスエリアを把握する

　配達可能エリア（サービスエリア）の外に出てしまうと配達依頼を受けることができません。そのため、出発する前に自宅周辺のサービスエリアを把握しておく必要があります。Uber Eatsのサービスエリアは随時拡大しており、配達アプリと注文アプリを使って確認することができます。

◻ アプリでのサービスエリアの確認方法

　サービスエリアは、配達アプリのブースト画面で確認できます。ブーストは小さなエリアごとに倍率が決められているので、サービスエリアの全体的な範囲を確認することができます。また、「ある特定の住所」がサービスエリアかどうかを知りたい場合は、注文アプリで確認できます。配達先に住所を入力したときに、注文可能なレストランが表示される場合はサービスエリア内、「この地域ではご利用になれません」と表示される場合はサービスエリア外であることがわかります。

◉ Uber Eatsのサービスエリアの確認方法

◀ サービスエリアの確認は配達アプリのブースト表示で確認できる（左画面）。注文アプリの配達先に住所を入力すると、その場所がエリアかどうかが確認できる（右画面）。注文アプリには、ほかにも配達に役立つさまざまな使い方がある（Sec.66参照）。

サービスエリア内で配達アプリをオンラインにする

　サービスエリア内に移動したら、あとはアプリをオンラインにするだけで、いつでも配達を始めることができます。レストランからの配達依頼のことを「配達リクエスト」、または単に「リクエスト」といいます。オンラインにするとすぐにリクエストが来る可能性があるので、移動できる状態になってからオンラインにしましょう。

◉配達アプリをオンラインにする手順

１．配達アプリを起動する
配達アプリを起動したら、メールアドレスとパスワードを入力してログインします。この時点ではまだ「オフライン」のため、配達リクエストが来ることはありません。

２．「出発」ボタンをタップする
「出発」ボタンをタップすると、画面下部に「オンラインです」と表示され、配達リクエストを受けられる状態になります。配達リクエストが来ると、画面表示と音で通知されます。運転中でも通知音が聞こえるようにマナーモードを解除しておきましょう。

◉配達アプリのオンライン操作

◀ 左はオフライン、右はオンラインの画面。自分の現在地は画面中央の青いやじり型のアイコンで表示される。

 現金払いの設定に注意！

注文者が現金で料理の代金を支払うことを「現金払い」といいます。配達を始める前に「現金払い受け付け」の設定を確認しておきましょう。現金払いを受け付けたくない場合は、必ず設定をオフにしてからオンラインにしてください。現金払いについてはSec.35で詳しく解説します。

第3章 配達の流れとしくみを知ろう

Section 18 配達リクエストを 受けよう

🔑 通知画面の確認

🔑 オフライン

配達アプリをオンラインにすると、リクエストを受け付ける状態になります。リクエストの通知画面の見方、受け方・拒否の仕方などの基本操作について確認しましょう。

¥ 配達リクエストを受ける・拒否する

　配達リクエストの通知を受けたら、画面に表示された内容を確認して、そのリクエストを「受ける」または「拒否する」のいずれかを選ぶことができます。リクエストを受けた場合はすぐに配達を開始しますが、拒否した場合はそのまま次のリクエストを待つことになります。実際の通知画面を見ながら、リクエストの受け方や拒否の仕方などの基本操作について確認しましょう。

◻ 配達リクエストを受ける（通知画面の確認）

　リクエストが来ると、通知音が鳴ってアプリの画面に「黒いカード」が表示されます。カードにはリクエストに関する情報が書かれているので、内容を確認してリクエストを受けるかどうか決めましょう。

カードで確認可能な情報

・売り上げ金額（クエスト報酬を含まない手取り）
・レストラン名と住所
・所要時間と距離（現在地から配達先までの合計）
・配達先の住所

　配達リクエストには時間制限があります。このリクエストを受けたい場合は、時間内に黒いカード部分をタップしましょう。何も操作しないでいると時間切れとなり、自動的に拒否されてもとのリクエスト待ちの画面に戻ります。

第 **3** 章 配達の流れとしくみを知ろう

配達リクエストを拒否する

　配達リクエストの内容を確認した結果、受けたくなければ拒否することもできます。たとえば、自転車で配達するには距離が遠すぎるといった場合です。拒否されたリクエストは、近くにいるほかの配達パートナーへ通知されて、再度リクエストのマッチングが行われます。

　リクエストは放っておいても時間切れで自動的に拒否されますが、できれば画面左上の「拒否する」ボタンをタップしてください。リクエストの拒否に時間をかけてしまうと、その分だけ注文者が料理を待つ時間が長くなってしまい、結果としてUber Eatsのサービスの質や魅力を損なうことにつながります。

配達リクエストを受けないときはオフラインにする

　すぐに配達に向かえないときは、オフラインにして新規のリクエストの受け付けを停止しましょう。リクエストの応答率が低い（受け付けも拒否もしない）状態が続くと、これ以上の配達を受けたくないものとみなされて、アカウントが自動的にログオフされることがあります。そうならないためにも、配達を受けたくないときはリクエストを停止することを覚えておきましょう。

初心者はオフラインを使いこなす

　リクエストを受けて配達しているとき、配達アプリはデフォルトでオンラインになっています。つまり、配達中であっても、次の配達のリクエスト（予約配達リクエスト）を受け付ける状態になっています。配達の仕事に慣れていないうちは、配達中に次のリクエスト通知が来てしまうと慌ててしまうかもしれません。そうした心配があるときは、1件のリクエストを受けたあとすぐに、配達アプリを「オフライン」にして新規のリクエストを受けないようにしておくことで、落ち着いて配達することができます。右画面のように「オフラインにする」をタップすると、いつでもリクエストを受け付けないように設定できます。予約配達についてはSec.37で解説します。

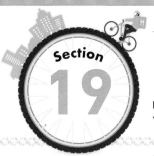

レストランで商品を受け取ろう

🔑 レストランからのお知らせ

🔑 注文番号

リクエストを受けたらレストランに向かいます。レストランからの指示に柔軟に対応して、スムーズに料理を受け取りましょう。受け取りの際は元気な挨拶を心がけます。

💴 レストランに向かう

　配達リクエストを受けると、「レストランの名前」と「マップ上の位置」が表示されます。マップを見てレストランの場所を確認したら、料理の受け取りに向かいます。レストランでは、配達パートナーが料理を受け取りに来るタイミングで料理ができ上がるように、調理が進められています。

▣ 「レストランからのお知らせ」を確認する

　レストランに向かう前に、アプリの「レストランからのお知らせ」というメモを確認します。メモには「受け渡しはお店の裏口に回ってください」というように、配達パートナーへの指示や依頼事項が書かれています。配達パートナーは可能な限りこうした依頼に柔軟に対応することが求められます。とくに初めて受け取りをするレストランは、しっかり確認しておいたほうがよいでしょう。

　レストランの近くまで来たら、停車できる場所に車両を置いて、料理の受け取りに向かいます。配達バッグをレストランの店内に持ち込むかどうかについて、決まったルールはありません。レストランからのお知らせで「配達バッグの持ち込みはしないように」などの指示がある場合はそれに従いますが、指示がない場合は店内の広さや雰囲気を見て判断しましょう。

▶ レストランからのお知らせ

モスバーガー ☎

🛡 接触を最小限に抑える
　待機中は周囲の人との距離を確保しましょう

レストランからのお知らせ
・店舗でピックアップ
・店舗裏の裏口から受け取りを
　してください。

⬤ モスバーガー

　レストランに到着してから料理を受け取るまでの一連の流れを見ていきましょう。ほとんどのレストランでは、店内で飲食するお客さんへの対応に追われながら、フードデリバリーへの対応もしています。店内の混み具合やレストランのスタッフの状況を見てタイミングよく声をかけましょう。

◉レストランに入ってから受け取りまでの流れ

1．「ウーバーイーツです」と元気に挨拶する
元気な挨拶を心がけましょう。レストランのスタッフが厨房などにいる場合、大きな声で挨拶をしないと聞こえないことがあります。スタッフが接客中の場合は、接客の合間を見て声をかけます。

2．注文番号を伝える
配達アプリに表示されている「注文番号」を伝えます。注文番号は、注文を区別できるように1件ずつ別のものが割り当てられています。料理が調理中であれば、レストランの指示に従って邪魔にならないように待機します。

3．料理を受け取る
料理の準備ができたら、「注文番号〇〇ですね！」と再確認しながら受け取ります。料理を受け取ったらアプリを操作して配達を開始します。この画面では、配達パートナーとしてレストランを評価することもできます。

◉注文番号と注文内容の確認画面

◀ 注文者名の下に英数字で表示される注文番号は、レストラン側の端末と同じものになっている（左画面）。料理を待っている時間に注文内容を確認して、ジュースやスープのようなこぼれやすいものがないかといったチェックをしておこう（右画面）。

Section
20
配達先へ移動しよう

🔑 配達先の住所

🔑 お客様のメモ

料理を受け取ったら、「配達先の住所」と「お客様のメモ」を確認します。配達に慣れるまでは、一つ一つの作業をていねいに、かつ確実に行うようにしましょう。

¥ 配達先の住所と「お客様のメモ」を確認する

　アプリで配達を開始すると、下の画面のように配達先の住所とマップが表示されます。移動を開始する前に以下の2つのことを確認しましょう。

　1つ目は、配達先の住所や建物名などがきちんと入力されているかを確認すること、2つ目は「お客様のメモ」に書かれている内容を確認することです。メモには、料理の受け渡し方法のほか、注文者から配達パートナーへ伝えたいことが記載されています。たとえば、「白い建物です」といった配達先のヒントや、「料理を置いたらインターホンを鳴らしてください」といった渡し方の要望などです。レストランからのお知らせと同様に読み逃すことがないよう、移動を開始する前にチェックする習慣を付けましょう。

◉配達画面のマップと配達先情報の確認画面

◀ マップでは、現在地と目的地がアイコンで表示される（左画面）。マップを下にスワイプすると、マンション名や部屋番号のような目的地の詳細とお客様のメモが確認できる（右画面）。

配達先に移動する

　住所とメモを確認したら配達先に向かいます。スマホスタンドを利用すれば移動中でもマップなどの確認がスムーズに行えますが、運転しながらの画面操作は危険なので、必ず停車して行うようにしてください。信号の待ち時間を利用すると、余計な時間を使わずに効率よく配達することができます。

　「配達アプリのマップだと目的地の場所がわかりにくい」「目的地までの最適ルートを表示してほしい」といった場合は、ワンタッチで配達アプリからGoogle Mapに切り替えることができます。配達アプリの「移動を開始」ボタンをタップするとGoogle Mapに切り替わり、目的地を手入力しなくても情報を連携して表示してくれます。Google Mapの使い方については、Sec.41で詳しく解説します。

注文者との連絡の取り方

　出発前の住所確認の段階でマンション名が抜けていたり、配達先の近くにいるはずなのにマップのピンの位置がずれていて、目的の建物が見つからないことがあります。そうした場面では、配達アプリを使って注文者に連絡を取ることができます。メッセージと電話の2つの方法があり、下の画面のように配達アプリの画面から呼び出して使います。

注文者へのメッセージ送信画面

◀　注文者と連絡を取るときは、配達先情報の画面にある電話アイコンをタップする（左画面）。メッセージの送信画面では、チャットのようにメッセージをやり取りできる（右画面）。メッセージ画面の右上にある電話アイコンをタップすると、電話をかけることができる。

第3章　配達の流れとしくみを知ろう

51

Section

21

注文者に商品を渡そう

🔑 お客様のメモ

🔑 受け渡し方法

目的地まで来たら、建物の入口を見つけて料理を受け渡します。お客様のメモの指示に従って、ていねいで確実な配達をしてください。

💴 料理を受け渡して配達を完了する

　配達アプリのマップには建物の入口の場所は表示されないので、目的地の近くまで来たらまずは入口を探します。マンションの場合はエントランスが大通りに面していることが多いため見つけやすいですが、それ以外の建物や屋外での受け渡しの場合はコツや注意点があります。建物ごとの特徴については、Sec.39で詳しく解説します。

　配達先の建物を見つけることができたら、「お客様のメモ」に従って料理を受け渡しましょう。メモを無視してしまうと、低評価につながるため注意してください。配達が完了したら、右ページの画面のようにアプリを操作して配達を完了します。

⊚配達先に到着してから受け渡しまでの流れ

１．インターホンを押して挨拶をする
マンションの場合はエントランスのオートロックでインターホンを押します。「ウーバーイーツです。商品をお届けに参りました」などはっきりした声で挨拶をします。

２．指定された受け渡し方法に従って料理を渡す
配達アプリの「お客様のメモ」に指定されている受け渡し方法のとおりに、料理を受け渡します。受け渡し方法によって、直接手渡す場合や置き配もあります。現金払いの場合は代金やお釣りのやり取りも発生します。

３．配達を完了する
受け渡しが完了したら、アプリを操作して配達を完了します。この画面では、配達パートナーとして注文者を評価することもできます。引き続き配達する場合は、オンライン状態でリクエストを待ちます。

¥ 料理の受け渡し方法の特徴と注意点

受け渡し方法には「玄関先で受け取る」「玄関先に置く」「外で受け取る」の3種類があります。それぞれの特徴について理解しましょう。

■ 玄関先で受け取る

玄関先での料理の受け渡しはもっともオーソドックスな受け取り方法です。玄関のインターホンを押して、対面で注文者に料理を手渡します。ていねいな受け渡しと笑顔を意識しましょう。

■ 玄関先に置く

玄関先に置く（置き配）は、ここ数年で利用が増えました。対面で手渡しする必要がないため、スピーディに配達できる一方で、間違った住所に配達してしまう「誤配」の原因にもなっています。置き配についてはSec.38で詳しく解説します。

■ 外で受け取る

公園内やコンビニの前などの屋外に配達することもあります。フードデリバリーは、自由度が高いサービスである一方で、確実に受け渡しをするために、注文者とのコミュニケーションが欠かせません。

◉ 配達の完了操作（左）とリクエスト待ち（右）

◀ アプリの下にあるボタン（左画面）をスライドすると配達が完了して、自動的にリクエストの待機画面に戻る（右画面）。画面下部に「オンライン」と表示されていれば、次のリクエストが自動的に通知される。ここで配達をやめる場合は、手動でオフラインにすればいつでも終了できる。

第3章 配達の流れとしくみを知ろう

53

Section 22 評価のしくみを理解しよう

Uber Eatsでは、レストラン・注文者・配達パートナーの3者が互いに相手を評価するしくみになっています。評価内容を確認して、配達の品質改善に取り組むことができます。

🔑 評価制度
🔑 フィードバック

第3章 配達の流れとしくみを知ろう

💴 Uber Eatsの評価のしくみ

Uber Eatsでは、加盟レストラン・注文者・配達パートナーが互いの「ふるまい」を評価できるようになっています。配達パートナーの場合は、1件の配達において「料理の受け取り」と「料理の受け渡し」の際に、それぞれレストランと注文者から評価を受けることがあります。ただし、評価は必ずしなければならないものではなく、すべての配達で評価を受けるわけでもありません。

配達パートナーへの評価は「サムズアップ（高評価）」と「サムズダウン（低評価）」の2種類があり、評価の理由がフィードバックされることもあります。総合的な評価は、直近100件の評価におけるサムズアップの割合で表されます。

◉ 高評価・低評価のフィードバックの例

サムズアップ（高評価）	サムズダウン（低評価）
ていねいな配達	コミュニケーション不足
親切なサービス	車両が違っていた
円滑なコミュニケーション	商品が破損していた
すばやく効率的な配達	配達が遅れた
スムーズな受け渡し	プロとして不適切な言動
	写真と一致しなかった
	注意事項を守らなかった

▲ レストランや注文者は、サムズアップ（高評価）・サムズダウン（低評価）とともに、上記のような理由を選ぶことでフィードバックすることができる。ただし、匿名性があり誰が評価したのかがわからないようになっている。

配達パートナーとしての評価を確認する

配達パートナーは、レストランや注文者から合計で10件以上の評価を受けると、自分の評価値（満足度）を参照することができます。配達アプリの「プロフィール」セクションから評価画面に移動できます。

お互いに匿名で評価するしくみのため、どのレストラン・注文者からの評価なのかは確認できません。画面下部にあるフィードバックの内容を確認して、配達業務の改善に役立てることができます。

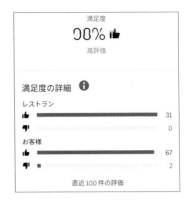

 直近100件の評価のうち、サムズアップ（高評価）とサムズダウン（低評価）の割合がパーセント表示される。評価の際に理由が選択された場合は、フィードバックとして表示される。

評価はどんなことに影響する?

評価がよいからといって、配達リクエストが受けやすくなったり、優先的にインセンティブを受けられたりするといったメリットはありません。また、評価が悪いことによるデメリットもありません。ただし、都市の平均的な評価値よりも継続的に大きく下回り続けると、Uber Eatsから改善のためのメッセージが通知されます。それでも評価値が改善されない場合は、アカウントが停止される可能性があります。とはいえ、決められたルールに従って真面目に配達に取り組んでさえいれば、そこまで評価が下がることはないでしょう。

配達を始めたばかりのころは、業務に慣れていないことに加えて、評価の件数（母数）が小さいため、評価値が低くなりやすいといえます。1つのサムズダウン（低評価）でがっかりする必要はありません。その経験を次の配達に活かすことができれば、すぐに評価値は改善できるはずです。

配達の流れとしくみを知ろう

55

配達の売り上げを
確認しよう

🔑 売り上げ

🔑 稼働計画

配達が終わるとすぐに売り上げが計算され、配達アプリから確認できるようになります。報酬の確認方法を理解して、計画的な稼働に役立てましょう。

💴 配達の売り上げを確認する

Uber Eatsの配達の売り上げは、配送料、サービス手数料、インセンティブの3つの要素からなります（Sec.04参照）。1件の配達ごとに売り上げが計算されるので、配達を完了したらすぐにアプリで確認することができます。ただし、クエストだけは既定の件数を達成したタイミングで売り上げが確定して加算されます。

1件の配達を完了すると、売り上げが計算されてアプリの画面に表示されます。売り上げの確認画面では、計算の内訳や獲得したインセンティブの金額が参照できるようになっています。1件・1日・1週間といった単位で売り上げが確認できるので、自分の計画や目標に合わせて配達を進めることができます。

配送料の金額以外にも、1日の配達時間や配達件数、配達距離、1件の配達に要した時間など、さまざまな情報を確認できます。効率的な配達ができているかを確認するための指標としても役立ちます。

◉売り上げの確認画面

◀ 1日単位の売り上げ確認画面のリンクから（左画面）、1件ごとの売り上げの内訳が確認できるようになっている（右画面）。

サポートへの連絡方法を理解しよう

🔑 サポート

🔑 電話・アプリ

配達中のトラブルや配達に関する疑問があるときは、サポートに問い合わせることができます。電話とアプリでの問い合わせ方法と使い分けを理解しましょう。

¥ トラブルが起きたら迷わずサポートに連絡する

フードデリバリーの仕事を続けていれば、「料理をこぼしてしまった」「配達中にタイヤがパンクして料理が届けられない」といったトラブルは必ずあります。トラブルが起きて対処に困ったときは、迷わずサポートに連絡しましょう。担当者が問題解決にあたってくれます。

サポートへの問い合わせ方法には、電話と配達アプリの2種類があります。それぞれ使い方に違いがあるので、配達の前に把握しておきましょう。

🔲 電話サポートの利用方法

配達中の質問や緊急トラブルの場合のみ相談できます。稼働エリアごとに電話番号が違うので、配達アプリでサポート窓口の電話番号を確認しましょう。

🔲 アプリサポートの利用方法

配達に関する緊急でないトラブルや質問がある場合は、配達アプリのヘルプから問い合わせることができます。サポート担当者とチャット形式でメッセージをやり取りすることができます。

◉電話とアプリの使い分けの例

電話でサポートに連絡する事例	アプリでサポートに連絡する事例
・途中で商品をこぼした ・配達中に事故に遭った ・車両が破損して配達できない ・商品の量が多すぎて運べない	・配達料金に誤りがある ・報酬が振り込まれていない ・配達が履歴に反映されない ・カードの登録方法がわからない

▲ 緊急のトラブルは電話を、緊急でないトラブルや質問はアプリを利用するのがよい。

Column

評価値は気にしすぎず
前向きに受け止める

配達パートナーのTwitterなどを見ていると、たった1件のサムズダウン（低評価）
だけで必要以上に落ち込み、モチベーションが下がっている人が多く見受けられます。
評価を参考に業務を改善することは大切ですが、決して気に病む必要はありません。
誤解をおそれずにいえば、低評価でもそこまで気にする必要はありません。

● 理不尽な理由で低評価を受けることがある

配達パートナーの責任によらない理由で低評価を受けることがあります。たとえば、
注文数に対して配達パートナー数が不足しているときは、配達パートナーをマッチング
できずに、結果として注文から配達までに1時間以上かかることがあります。これは
Uber Eatsのしくみの問題であって、配達パートナーにはどうすることもできません
が、注文者にはそうした事情がわからず、結果的に配達パートナーへの低評価につな
がってしまうのです。

● 評価値は「見た目」ほど悪い結果ではない

評価値の数値は、実は見た目ほど悪い結果ではありません。例として満足度が90%
の評価を考えてみましょう。一見すると、過去の配達の「9割が満足」で「1割が不満」
のように解釈されがちですが、それは間違いです。

**例：300件配達したときに合計で100件の評価を受けた。内訳は高評価が90件、
低評価が10件だった場合の満足度はどうなるか？**
満足度＝サムズアップ90件／評価件数100件×100％＝90％

この例を見ると、300件の配達で低評価を受けたのはわずか10件だけであり、全体
の約3％に過ぎません。つまり、評価値が90％であっても、実際に低評価を受けた
のは3％に過ぎず、残りの97％は高評価または評価なしなのです。配達パートナーは、
評価の結果とフィードバックを正しく真摯に受け止め、その評価の理由が自分にある場
合は改善する── そうした前向きな気持ちで臨むのがよいのではないでしょうか。

第4章

配達を始める前に
疑問と不安を解消しよう

Section 25 配達する料理は こぼれないの?

- こぼれやすい料理
- こぼさないコツ

配達する料理の中には汁物もあります。どのような料理がこぼれやすいのか、どのようなことに注意すればうまく運べるのか、安全に配達するためのコツを理解しておきましょう。

配達する料理はこぼれないの?

フードデリバリーで運ぶ料理には、ドリンクやスープなどもあるので、配達を始める前は「ドリンクやスープなどの料理をこぼさずにうまく運べるだろうか」と心配になるでしょう。しかし、実はそれほど心配する必要はありません。ほとんどのレストランでは、少しくらい傾けても汁漏れしにくいように、密閉された容器を使用しています。しかし、次に紹介するようなケースでは、料理がこぼれやすいので注意が必要です。

●ラーメンの容器の例

▲ スープと具や麺は別々になっている。スープの容器はラップで密封されているので傾けても汁がこぼれない。

料理がこぼれやすい2つのケース

1つ目のケースは、レストランが用意した容器が配達に適していないときです。これは、個人経営のレストランやデリバリーサービスに加盟したばかりの店舗で起こる可能性が高いといえます。料理を受け取ったときに「このままでは運べそうにない」と感じたら、レストラン側に改善を依頼するか、それが難しそうであればサポートに相談するといった対応も必要になるでしょう。

2つ目のケースは、配達に慣れてきたときです。配達に慣れてくると、そうかんたんにはこぼれないことがわかってきて、つい油断をしてしまいがちです。いくら配達のために工夫された容器になっていても、慎重に運ばなければ破損につながることは十分に考えられます。右ページの配達のポイントを参考に、ていねいに運ぶことを常に心がけましょう。

こぼれやすい料理の代表格は、ドリンク・ラーメン・カレーライス・寿司・ピザなどです。にぎり寿司やピザは汁物ではありませんが、容器の中で横倒しになったり、盛り付けが崩れたりするとクレームにつながることもあります。運び方のポイントを押さえて、できたての状態で料理を届けられるようにしましょう。

ポイント1. 緩衝材を利用する

もっとも基本的なことは緩衝材を利用することです。配達バッグと料理の隙間を緩衝材で埋めることで、傾いたり揺れたりするのを防ぐことができます。配達バッグの中の構造や工夫の仕方についてはSec.26で解説します。

ポイント2. 車道を走る・段差の衝撃を吸収する

道路交通法では、自転車は車道を走るのが原則ですが、料理を運ぶという観点でも車道のほうが走行しやすく安全です。自転車でやむなく歩道に乗り入れるときなどは、バッグを傾けない、段差の衝撃を和らげる、速度を落とすなどして安全運転をしましょう。

ポイント3. 急発進・急停車をしない

急発進・急停車は危険なのでやめましょう。配達バッグの中で料理が揺れたり、容器に圧力がかかったりする原因になります。密閉されている容器でも、横からの圧力で容器がゆがむとこぼれやすくなります。

配達パートナーの中にはユニークなアイデアを持つ人もいます。たとえば、「握り寿司の向きと車両の進行方向が合うようにバッグに配置する」というものです。容器にもよりますが、寿司は容器の中で横に倒れたりネタがこぼれ落ちたりしやすいのが難点です。寿司の向きと車両の進行方向を合わせると、比較的崩れにくくなるようです。

◉寿司を運ぶときのコツ

この向きに配置

▲ 寿司と容器の間に空間があるので崩れやすい。

Section 26

配達バッグの中は
どうなってるの?

🔍 配達バッグ

🔍 カスタマイズ

料理をできたてのまま届けるには、配達バッグのカスタマイズが欠かせません。配達バッグはそのままでは使いにくいため、仕切りや緩衝材などを使って工夫をしましょう。

第
4
章

配達を始める前に疑問と不安を解消しよう

💴 配達バッグの基本的な構造を知る

　配達バッグは、料理をできたてに近い状態で運べるように、保温・保冷機能を備えた構造になっています。Uber Eatsの加盟店の中には、寿司やピザのような平たい大皿の容器で料理を提供するレストランもありますが、バッグの下部分を拡張することで収納可能です(Sec.14参照)。配達バッグは容量が大きいので、料理を安全に運ぶためにはカスタマイズが必要不可欠です。

◉配達バッグの構造とカスタマイズの例

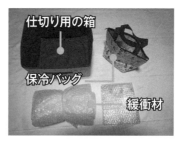

仕切り用の箱

保冷バッグ

緩衝材

▲ バッグを開けた状態とカスタマイズするためのアイテム(左上・右上)。これらのアイテムを活用して、バッグの内部を仕切ったり、料理のスキマを埋めて揺れないようにする(左下・右下)。

　配達バッグは、購入時の状態では料理を運ぶのに不便です。まずは2つの基本のポイントを押さえて、初めての配達の前にバッグをカスタマイズしておきましょう。

ポイント1．料理がバッグの中で揺れないようにする

　料理を揺らさないためのポイントは「内部の空間を仕切る」「緩衝材で隙間を埋める」という2点です。バッグに仕切りが付属していない場合は、100円ショップで売られている箱を中に入れるだけで空間を区切ることができます。しかし、仕切りだけでは料理を固定するには不十分です。

　バッグと料理の隙間を埋めるために、「タオル」「プチプチ」「サバイバルシート」などを活用します。これらは隙間を埋めて容器が傾かないように固定するだけでなく、走行中の衝撃を和らげる緩衝材としても役立ちます。どれを利用しても構いませんが、料理を渡すときに注文者にバッグの中が見えるので、見た目の清潔感も意識しましょう。

ポイント2．冷たいものと温かいものを分ける

　ハンバーガーセットのように、冷たいドリンクと温かいものがセットになっている料理を運ぶことがあります。レストランから1つの袋で渡されない限りは、バッグの中で冷たいものと温かいものを分けるようにしましょう。レストランによっては、配達パートナーへのメモ欄に分けて運ぶように指示がある場合もあります。両者を分けて運ぶのに最適な方法は、保冷バッグを利用することです。購入した配達バッグに小さいバッグが付属していないときは別途用意する必要がありますが、ネットショップや100円ショップなどで手軽に購入することができます。

第4章　配達を始める前に疑問と不安を解消しよう

配達する料理の量はどれくらい？

　配達する料理の量は、タピオカドリンク1本から、多いときにはお弁当20個とさまざまです。ドリンク1本を運ぶようなときは、大きなバッグの中に隙間がたくさんできてしまうため、バッグの中で揺れたり傾いたりしてしまいます。料理が揺れるのを防ぐために、隙間を埋める緩衝材を間に敷き詰める必要があります。

Section 27 配達に使う車両選びのポイントは?

🔑 車両の特徴

🔑 自分に合った車両

配達に使う車両を選ぶために、それぞれの車両の特徴を知っておきましょう。自分の目的に合った車両を選ぶことで、安全に楽しく配達を続けることができます。

💴 車両の種類によるメリット・デメリット

配達に使用する車両は、Uber Eatsのアカウント作成時に選ばなくてはなりません。しかし、まだ配達したことがない段階では、何を基準に選べばよいかわからないかもしれません。車両ごとの特徴を理解して、自分に合ったものを選びましょう。

▣ 車両の特徴を理解する

配達に利用できる車両は3種類あります。それぞれのメリット・デメリットを下の表にまとめました。軽自動車・バイクを選ぶメリットはあまりないため、大半の配達パートナーは自転車や原付バイクのいずれかを選んでいます。配達の目的や自身の体力、配達エリアの地形などによって好きなものを選びましょう。

◉車両別のメリット・デメリット

	自転車	原付バイク （125cc 以下）	軽自動車・バイク （125cc 超）
小回り	かなり利く	利く	利かない
体力・坂道	体力勝負	楽	かなり楽
経費	安い	高い	かなり高い
悪天候	弱い	弱い	雨でも問題なし
移動スピード	遅い	速い	速い
駐禁リスク	なし	あり	あり
事業登録	不要	不要	必要

▲ 軽自動車は事業登録の必要があるうえに小回りが利かず、経費もかかるため選択されにくい。

　配達車両のメリット・デメリットがわかったら、次は自分に合った車両を決めましょう。働き方や目的に合わせて4タイプに分けたので、車両選びの参考にしてみてください。

タイプ1．迷ったときのファーストチョイスは自転車

　自転車はほかの車両に比べて小回りが利くため、ルートを間違えてもすぐに修正しやすい利点があります。駐車禁止違反による罰則のリスクもないので、料理の受け取りや受け渡しで手間取ってしまっても心配ありません。バイクで配達するよりも難易度が低く、初心者でも安心して利用できます。まずは自転車で始めてみて、慣れてきたらバイクに変更するのも1つの手でしょう。

　体力に自信がなければ、電動アシスト自転車を使うと楽です。配達エリアにシェアサイクルポートがあれば、試しに利用してみてはいかがでしょうか。

タイプ2．運動目的・自転車が趣味なら迷わず自転車

　趣味などで日ごろからロードバイクやクロスバイクに乗っている、もしくは運動不足を解消するために自転車で配達を始めたいというようなときは、自転車がおすすめです。お金を払ってジムに通うかわりに、運動がてら配達することとお小遣いも稼げてしまうので一石二鳥です。

タイプ3．専業でがっつり稼ぐなら原付バイク

　専業は長時間の稼働が必要です。それを半年や1年間続けていくためには、体への負担が少ない原付バイクがおすすめです。屋根付きの3輪スクーターであれば風雨などの悪天候に強いだけでなく、乗り心地と安全性を兼ね備えているので最適です。

タイプ4．すでに事業登録済みの車両を持っているなら軽自動車もあり

　軽自動車は車両を維持する経費がかかりすぎるため、あまりおすすめできません。ただし、配達に利用できる軽自動車をすでに持っていたり、ほかの配達業務と兼用するということであれば、1つの選択肢になるかもしれません。軽自動車の最大の利点は悪天候に強いことです。雨の日・夏の暑い日・冬の寒い日など、ライバルが少ない日にだけ狙いを定めて稼ぐという戦略も考えられます。

シェアサイクルやレンタルを活用する

　配達の仕事を長く続けていくのであれば、配達に使う車両はレンタルするよりも購入したほうがコストを抑えられますが、実際に配達してみてから購入を決めたいのではないでしょうか。そのようなときは、初期費用が抑えられるシェアサイクルとレンタルを活用してみましょう。

シェアサイクルを利用する（電動アシスト付き自転車）

　シェアサイクルを配達に利用する最大のメリットは、「電動アシスト付き自転車」に低価格で、いつでもどこでも乗れるということです。月額サービス（サブスクリプション）で契約すれば、1回ごとの料金を気にする必要もありません。配達を続けられそうであれば、自分で車両を購入してもよいでしょう。

　シェアサイクルには、ほかにもメリットがあります。バイクポートがたくさんあるエリアであれば、自転車のバッテリーが切れそうになったときに充電済みのほかの車両に乗り換えることができます。また、バイクポートがある場所まで電車で移動できるので、配達エリアを自由に選ぶことができます。シェアサイクルはフードデリバリーと相性バッチリのサービスです。

▲ 電動アシストのバッテリーが切れそうなときは、バイクポートで乗り換えが可能。スマホアプリで車両の台数を確認できるサービスもある。

レンタルを利用する（デリバリーバイク）

　専業で配達する場合はデリバリー仕様のバイクを使いたいところですが、購入するとなると高額になるため、レンタルで試してから購入するほうがよいでしょう。帝都産業株式会社（URL：https://www.teito-co.com/）では、バイクを手頃な価格で1か月からレンタルすることができます。業務用の任意保険も備えているため安心して利用できます。

　配達パートナーに人気があるのが屋根付きのデリバリー専用バイクです。後部に配達バッグを置くことができるので、悪天候や長時間の配達でも体への負担が軽減されます。

Section
28

配達距離は
どれくらいになるの?

🔑 配達距離

🔑 バッテリー

フードデリバリーにおいて配達距離は重要です。自転車なら体力、バイクならガソリンなどの経費に影響します。配達1件あたりの距離の目安を知っておきましょう。

💴 1件の配達距離と1日の走行距離

配達距離が長ければ、自転車の場合は体力や電動アシストのバッテリーを消耗しますし、バイクの場合はガソリンなどの経費に影響します。1件・1日の走行距離の目安を知っておくとよいでしょう。

◉ 1件の配達距離の目安

配達距離の上限や平均距離について、Uber Eatsから公表はされていませんが、実際に配達してみると、大半の場合は約1～5kmの範囲になります。稀ではありますが、バイク配達では10kmを超えるリクエストもあります。

筆者（横浜エリア、自転車登録）の過去3か月の履歴データによると、1件の平均距離は約3kmでした。これは売り上げの計算に使われる「待機場所から配達先までの距離」の部分です。実際には「配達先から待機場所までの戻りの距離」もあわせて考える必要があるので、1件あたりの配達の走行距離は約4kmになります。ただし、エリアや時間帯などの条件によっても距離は大きく変わってくるので、あくまで参考となります。

◉ 1日の走行距離の目安

仮に1件の配達で4km移動する場合、1日の移動距離は配達件数で見積もることができます。たとえば、1日に20件配達する場合は、「4km×20＝80km」となります。ピークタイムの3時間で8件の配達をすると考えると、だいたい32kmが目安になります。電動アシスト付き自転車で配達する場合は、自分が配達したい件数をもとに1日の距離を計算して、それに合った容量のバッテリーを用意するとよいでしょう。

第
4
章

配達を始める前に疑問と不安を解消しよう

Section 29

自転車の交通ルールはどうなってるの?

🔑 自転車の交通ルール

🔑 歩行者の保護

自転車で配達する場合は、交通ルールをきちんと理解しておきましょう。ルールを正しく知ることは、歩行者や自分の身を守ることにつながります。

最低限知っておくべき自転車の交通ルール

　フードデリバリーの配達パートナーが増えるにつれて、テレビのニュースなどでは、運転マナーの悪さを指摘する報道が目立つようになりました。運転マナーの悪さは、倫理的な問題だけでなく、そもそも自転車の交通ルールを知らないことにも起因しています。自転車を仕事に使うプロとして、交通ルールを正しく理解しましょう。道路交通法では自転車は軽車両として扱われているため、交通ルールを破れば処罰の対象になります。

自転車は車道が原則、歩道は例外

　道路交通法上、自転車は車両に分類されるので、歩道と車道の区別がある道路では車道を通行しなければなりません。ただし、自転車道があれば自転車道を通行します。安全確保のためにやむを得ないときは、徐行して歩道の中央から車道寄りを通行することができます。歩行者の通行を妨げる場合は一時停止しましょう。

自転車の基本ルール

　自転車は道路の左側に寄り、信号機に従って通行しなければなりません。右図のように、道路の右側を通行するのは非常に危険なので、絶対にやめましょう。

　実際に自転車で走行してみるとさまざまな疑問が湧いてきます。ケースごとの走行方法について右ページで確認してみましょう。

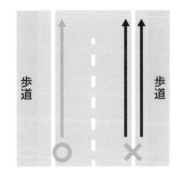

右折するときはどうする？

　自転車で右折するときは、二段階右折をする必要があります。右図のように二段階に分けて右折しますが、それぞれの進行方向の信号機に従います。

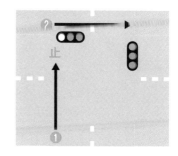

自転車は歩行者と自動車どちらの信号機に従う？

　車道を走行しているときは自動車の信号機に、歩道を走行しているときは歩行者用の信号機に従います。

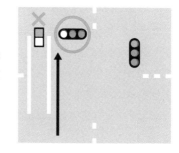

片側二車線以上で左折レーンがあるときはどうする？

　片側二車線以上の道路では、第一通行帯（左から一番目の通行帯）の中を通行します。左折レーン規制は自転車には及ばないので、第一通行帯が左折レーンになっている場合はそのまま直進することができます。

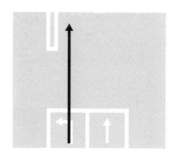

歩道を通行するときは右側でもよい？

　例外として、自転車でも歩道を通行することができます。歩道は「車道とは独立した通路」として扱われるので、右図のように、道路の両側に設けられた歩道を通行できます。

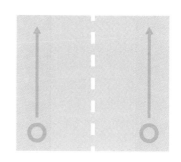

Section

30

事故に遭った場合の保険はどうなるの？

 自賠責保険

任意保険

安心して働くためには保険への加入が必要です。自賠責保険や、Uber Eatsで用意されている保険が適用される条件や範囲を理解して、任意保険への加入も検討しましょう。

第
4
章

配達を始める前に疑問と不安を解消しよう

Uber Eatsの保険制度

　配達中に交通事故に遭った場合、配達パートナーにはUber Eatsの保険が適用されます。対人・対物の賠償責任保険に加えて、配達パートナーが事故による傷害を負った場合にも、治療や入院にかかった費用が補償されます。この保険は事前に申し込む必要はなく、すべての配達パートナーに適用されます。万一配達中に事故に遭ったときは、警察とサポートにすぐに連絡しましょう。

保険が適用されるのは配達中のみ

　Uber Eatsの保険で補償されるのは、配達中に限られる点に注意が必要です。配達中とは、「配達リクエストを受けた時点から配達が完了する（またはキャンセルする）まで」を指します。たとえば、自宅と待機場所の往復の移動、リクエスト待ちの待機、配達先から待機場所までの戻りの移動などは配達中に含まれず、Uber Eatsの補償の対象外となります。配達車両の登録の際にはバイクなどの自賠責保険への加入が必須なので、自賠責保険は適用されると考えられますが、金額的に十分とはいいきれません。

Uber Eatsの保険の適用範囲

適用範囲	相手に対する補償		自分に対する補償	
	対人	対物	対人	対物
配達中	○	○	○	×
配達中以外	×	×	×	×

▲ 保険制度の内容は変更されることがあります。最新の情報は公式ページ（https://www.uber.com/jp/ja/drive/insurance/）を参照してください。

任意保険への加入を検討する

　Uber Eatsの保険では、配達リクエストを受けている時間以外は補償外です。法律で加入が義務付けられている自賠責保険があるとしても、それだけでは十分な補償とはいえません。任意保険への加入を検討しましょう。

◉ 自賠責保険の適用範囲

　自賠責保険の支払い最高額は、被害者1名につき、死亡で3,000万円、傷害で120万円が上限で、補償範囲は対人賠償に限られます。したがって、それを超えるような賠償金額や、車やガードレールなどの物損に対する補償はありません。そうしたリスクに備えるためにも任意保険への加入をおすすめします。ただし、任意保険に加入する際も注意点があります。

◉ 通常の自転車保険・バイク保険は保証の対象外となる

　自転車保険やバイク保険の商品にはいろいろありますが、一般的に通常の保険は配達業務に使用している車両では加入できません。フードデリバリーのような配達業務をしている場合とそうでない場合とでは交通事故に遭う確率はまったく違ってくるため、加入できる保険も当然ながら違います。現在すでに加入している保険がある場合は、車両を配達業務に使用した際に保険が適用されるのかどうかを確認しておきましょう。

◉ 業務使用可能な任意保険への加入を検討する

　配達車両向けのバイク保険を提供している会社に「損保ジャパン」や「あいおいニッセイ同和損保」などがあります。Uber Eatsの保険では左ページの表で補償の対象外になっていた「配達中以外の事故」にも適用することができます。

　また、自転車は保険への加入が軽視されがちですが、それは大きな間違いです。自転車は歩行者の近くを走行することが多いため、むしろバイクなどよりも接触事故が起きやすいといえます。したがって、自賠責保険すらない自転車でデリバリー業務をすることは、バイク以上にハイリスクです。自転車・バイクなどの車両の種類にかかわらず、任意保険への加入を検討しましょう。

第4章　配達を始める前に疑問と不安を解消しよう

確定申告って
必要なの?

🔑 青色申告

🔑 会計ソフト

個人事業主として所得を得た場合は確定申告の義務があります。申告期限の直前で慌てないよう、種別や便利な会計ソフトなどを知っておきましょう。

第4章 配達を始める前に疑問と不安を解消しよう

¥ 確定申告の種類と事前提出書類

　フードデリバリーの配達員といえば、以前はアルバイト契約が主流でしたが、Uber Eatsのようなギグワーク(時間に縛られない働き方)と呼ばれる働き方が浸透してからは、仕事を個人事業主として請け負うことが増えています。個人事業主として働くことは自由である反面、所得と支払う税金を自身で計算して申告する義務があります。

◻白色申告と青色申告を選ぶ

　確定申告には「白色申告」と「青色申告」の2種類がありますが、専業として配達パートナーをするのであれば、税制上有利となる青色申告がおすすめです。ただし、青色申告をするためには、あらかじめ税務署に届出書類を提出しておく必要があります。青色申告をするためには、事前に「開業届」と「青色申告承認申請書」の提出が必須で、それ以外の書類は必要に応じて提出します。これらの書類を事前に提出しておけば、確定申告の際に白色申告か青色申告を選ぶことができますが、提出していない場合は青色申告を選ぶことができません。もし配達を始める時点でどちらにするか迷っているのであれば、これらの書類を提出しておくことをおすすめします。

◉青色申告の事前提出書類と期限

提出書類	提出期限
開業届	事業を開始した日から 1 か月以内
青色申告 承認申請書	青色申告の承認を受ける年の 3 月 15 日まで ※ 1 月 16 日以降の開業は開業から 2 か月後まで

確定申告書は税理士に依頼して作成してもらうこともできますが、その場合は毎年10万円ほどかかります。また、税理士に売り上げや経費などの情報を渡す手間も発生します。

　一方、自分で確定申告書を作成するのであれば、費用はほとんどかかりません。最近ではクラウド会計ソフトを利用すれば、詳しい知識がなくても売り上げや経費を入力するだけでかんたんに申告書が作れるようになっています。会計や簿記のスキルアップを兼ねて、自分で申告してみてはいかがでしょうか。

クラウド会計ソフトがおすすめ

　クラウド会計ソフトを利用すれば、パソコンやスマートフォンから入力するだけで確定申告書を作成できます。「やよいオンライン」「freee」「マネーフォワード」がおすすめです。青色申告の場合はソフトの多くが有料ですが、年額1万円前後から利用できるものもあるので、税理士費用に比べれば安く済ませることができます。白色申告の場合は、やよいの白色申告オンラインが無料で利用できます。どのソフトも無料トライアル期間が用意されており、実際に使い比べて決められるので安心です。会計ソフトはあとから別のものに乗り換えるのは手間がかかるので、毎年同じものを使い続けるのが基本です。初めに使いやすさやコスト面で比較して、納得のできるものを選びましょう。

クラウド会計ソフトの特徴

会計ソフト	機能とコストの特徴
やよいオンライン	低コスト（白色申告なら無料）で利用できる
freee	アプリが充実している
マネーフォワード	機能とコストのバランスがよい

 簿記の知識を身に付ける

クラウド会計ソフトは初心者でも使いやすい親切な設計になっているとはいえ、売り上げや経費を正確に入力するためには簿記3級くらいの知識が必要です。簿記の勉強は、本を読んで知識を詰め込むのではなく、実際に会計ソフトに記帳しながら学習することで、より楽しく・早く・深く理解することができます。

Column

配達パートナーは 注文者からどう見えている?

初めてUber Eatsのアプリで料理を注文してみると、「配達の予定時刻がわかる」「配達パートナーの移動の様子がマップで見える」ということが、斬新でおもしろいと感じるかもしれません。しかし、それは配達パートナーからしてみると、配達時刻が勝手に決まっていて、常に動きを見られている、ということでもあります。配達パートナーとして働くのであれば、注文アプリから自分の動きがどのように見えるのか、どんなことに気を付けるべきかを意識したほうがよいでしょう。

下の画面はUber Eatsで料理を注文したあとの、「配達パートナーがレストランに向かっているとき」のものです。左上には配達予定時刻、下には配達パートナーの情報、マップには配達パートナーの現在地がバイクのアイコンで表示されています。

● 配達パートナーが意識すべきこと

配達時刻は配達パートナーが確認する方法がないので、気にしても意味がありません。それでは何を意識すべきかというと、「自分のプロフィール」と「目的地付近での動き」です。注文者の中には、どんな人が配達してくれるのか気にする人もいます。そのため、プロフィールに登録する写真は、清潔感やさわやかさが重要なのです。また、配達先の近くで迷ってなかなか到着できないと、注文者もイライラが募ります。そうしたときは、配達パートナーのほうから早めに注文者に連絡をして助けてもらうほうが、かえって評価がよくなります。

以上のように、注文者からの見え方も意識することで、配達パートナーとして1つレベルアップできます。

◉ 注文アプリの配達中画面

第 5 章

配達全般に役立つ
基礎テクニックを身に付けよう

初めはやさしい条件で配達しよう

🔑 やさしい条件

🔑 ステップアップ

配達パートナーを続けていくためには、初めに大きな失敗をしないことが肝心です。やさしい条件下で配達の初歩的な動作を習得して、1つずつできることを増やしていきましょう。

第 **5** 章

配達全般に役立つ基礎テクニックを身に付けよう

¥ 配達の仕事を続けていくためには初めが肝心

配達パートナーを続けていけるかどうかは、「初めての配達・初日の配達」にかかっています。初めての配達でうまくいかなかったり、楽しいと思えないと、その後に配達を続けたいと思えなくなってしまうからです。

◻ 配達パートナーは初めから1人

配達パートナーの仕事がほかのアルバイトと違うのは、マンツーマンで教えてくれたり、フォローしてくれる先輩や同僚が近くにいないということです。問題が起きても1人で解決しなければなりません。そのため、「配達が遅れて怒られた」「レストランの店員に嫌な対応をされた」「料理をこぼした」といった失敗を初日に経験してしまうと、苦手意識が付いてしまうかもしれません。

また、「シフトがなく好きなときに働ける」という最大のメリットは、実は配達を続けることを難しくする最大の要因でもあります。好きなときに働けるということは、嫌なときは行かなくてもよいということでもあります。そのため、配達に慣れる前に大きな失敗をすると続けにくくなるのです。

◻ 配達は少しずつステップアップする

配達で失敗しないためには、目の前の1件の配達に集中できる条件を整えることが重要です。たとえば、事前に装備を整えたり、天候や稼働するエリアを選んだりすることで、配達の難易度を下げることができます。そうすれば、仕事の手順やアプリの操作、マップの見方を覚えることに集中できます。初めのうちは稼いだ金額を意識するよりも、やさしい条件で配達して成功体験を積み重ねることを意識しましょう。

配達パートナーは働く条件を自由に選ぶことができるので、ゲームのように「慣れるまではEASYモード」で稼働することができます。

条件1. 天気のよい日・日中帯に配達する

初めは天気のよい日中がおすすめです。雨の日は「路面が滑りやすい」「商品が濡れないように気を遣う」「スマートフォンの操作に手間取る」などの難しさがあります。夜の配達は、日中に比べると目印になる建物や配達先の建物を発見するのが格段に難しくなるため、慣れてからのほうがよいでしょう。

条件2. 配達するエリア・待機場所を固定する

土地勘のあるエリアで配達しましょう。日ごろからよく利用する駅の周辺が候補になります。レストラン名を聞いただけでおおよその場所がわかり、配達先は「マップのピンの位置を見れば何となくルートがわかる」くらいが理想的です。待機場所も1つの場所に決めておいたほうがよいでしょう。

条件3.「現金払い」リクエストを受け付けない

Uber Eatsの代金の支払い方法は、電子決済に加えて現金払いも可能になっています。配達パートナーが使う配達アプリでは、そうした「現金払い」リクエストを受けるかどうかを設定することができます。

現金払いへの対応は、事前に釣り銭を用意するなどの余計な作業が加わります。配達に慣れるまでは受けないように設定しておきましょう。

条件4.「同時配達」と「先行予約配達」リクエストを受けない

Uber Eatsには、「同時配達」「先行予約配達」というものがあります（Sec.36 〜 37参照）。どちらも「2件のリクエストを同時に処理する」という点で共通しています。1件目の配達でトラブルが起きて遅れてしまうと、2件目を待たせてしまうことになり、そのことが「プレッシャー」となって、さらなる焦りにつながります。まずは目の前の1件の配達に専念するために、そうしたリクエストは受けないようにすることをおすすめします。

Section 33

ピークタイムを理解しよう

🔑 リクエストの受けやすさ

🔑 需給バランス

ピークタイムは配達リクエストが増えるため、もっとも稼ぎやすい時間帯です。リクエストが増えるしくみを理解することで、より効率的に稼ぐ方法を考えましょう。

💴 ピークタイムはもっとも稼げる時間帯

　1日を通してもっともデリバリーの注文が増えるのがピークタイムです。ピークタイムは、ランチタイムとディナータイムの2回に分かれています。エリアや曜日によって多少の時間のずれはありますが、おおむねランチのピークが11 〜 14時、ディナーのピークが18 〜 21時です。ピークタイム以外の時間をオフピークといいます。

◻ ピークタイムが稼ぎ時になる理由

　ピークタイムは配達パートナーにとっていちばんの稼ぎ時です。その理由は主に2つあります。

　①配達パートナーが不足するので、リクエストの待ち時間が少ない
　②配達パートナーが不足するので、インセンティブが期待できる

　ピークタイムは絶え間なくリクエストが来るので、初心者が配達してもそれなりに稼ぐことができます。収入を増やしたいのであれば、ピークタイムを含めた稼働計画を立てるのが基本です。ピーク（インセンティブ）が発生しているエリアをマップで確認しながら、積極的に狙っていきましょう。

◉ 1日を通したピークタイム

8 時		11 時		14 時			18 時		21 時		24 時
			ピーク					ピーク			

▲ エリアや曜日によって、ピークタイムがずれる。休日のほうがピークタイムが長くなる傾向がある。

¥ リクエストの受けやすさを決定する要因は2つ

　ピークタイムに配達リクエストの数が増える直接的な理由は「注文数が増えること」ですが、実は配達リクエストの数を決定する要因はもう1つあります。それは「配達パートナーの数」です。配達パートナーとして働くのであれば、この「注文数」と「配達パートナーの数」の関係について理解しておく必要があります。

◻ リクエスト数はどうやって決まる？

　1人の配達パートナーが受けられる「配達リクエスト数」の平均は、以下のようにシンプルな式で表すことができます。

　（1人が受けるリクエスト数）＝（注文数）÷（配達パートナー数）

　注文数は、デリバリーサービスとして受ける注文の総数のことです。ピークタイムのように需要が多いときは注文の総数も増えます。配達パートナー数は、自分以外の配達パートナーを含めた稼働している人の総数のことです。

◻ 注文数と配達パートナー数のバランスが大事

　上の式からわかることは、1人の配達パートナーに割り当てられるリクエストの数は、デリバリーの注文の数と配達パートナーの数のバランスによって決まるということです。つまり、より多く配達して稼ぎたいのであれば、注文数が多いピーク時間帯に稼働するか、配達パートナーの数が少ない条件を考えて行動することが必要になります。

◉ 「注文数」と「配達パートナー数」のバランス

▲ リクエストの受けやすさは、注文数と配達パートナー数のバランスで決まる。ピークタイムは注文数が多くなる一方で、配達パートナー数はそれほど増えないので、確実にリクエストが多くなる。

第5章　配達全般に役立つ基礎テクニックを身に付けよう

Section 34 リクエストに影響する条件を知ろう

🔍 配達条件

🔍 リクエスト数

配達リクエストをより多く受けるためには、稼働する条件が重要です。リクエストを受けやすい条件を理解して、収入アップや稼働計画に役立てましょう。

¥ リクエストの受けやすさに影響する条件

配達リクエストの受けやすさに影響する条件は、ピークタイムやオフピークのような時間帯だけではありません。注文数と配達パートナー数を増減させるすべての要素がかかわってきます。下の表は、リクエスト数に影響する条件の一覧です。これらの条件がリクエスト数にどのように影響するのかを理解し、総合的に判断して、その日の稼働計画を立てるとよいでしょう。

◉リクエスト数に影響する条件

条件	注文数	配達パートナー数	リクエストの受けやすさ
時間（ピーク）	激増	増	◎
時間（オフピーク）	平常	平常	△
曜日（休日）	増	増	◎
曜日（平日）	平常	平常	○
季節（夏・冬）	増	減	◎
季節（春・秋）	平常	激増	×
天候（雨・雪）	激増	減	◎
天候（晴・曇）	減	増	×
年末年始	増	減	◎
注文者向けキャンペーン	増	平常	○
インセンティブ（増）	平常	激増	△
現金払い対応（有）	増	減	◎

効率的にリクエストが受けられる条件を考える

　左ページに挙げた配達リクエストに影響するそれぞれの条件について、詳しく説明します。

◎ 時間帯と曜日による影響

　ピークタイムはオフピークよりも配達パートナー数が増えますが、注文数のほうがさらに大きく増えるため、結果的にリクエストが受けやすくなります。平日と休日を比べると、休日のほうが注文数・配達パートナー数ともに多くなります。注文数や配達パートナーの母集団の数が多くなると、リクエストのばらつきが減るので、休日は平日よりも安定してリクエストを受けられます。

◎ 季節と天候による影響

　季節や天候の条件がリクエスト数に与える影響は大きいといえます。春や秋の過ごしやすい季節は、外出する人が増えてデリバリー需要が減る一方で、配達パートナー数は増えるため、リクエストはかなり受けにくくなります。反対に、夏や冬の厳しい条件下ではリクエストが受けやすくなります。

◎ 注文者向けキャンペーンとインセンティブによる影響

　注文者にとってお得なキャンペーンがある期間は注文数が増えますが、配達パートナーはそれほど増えることがないため、稼働の狙い目です。反対に、インセンティブの金額が高いときは、配達パートナーの数が増えるため、受けられるリクエストが減ります。しかし、天候や季節などの悪条件が重なれば配達パートナーが減るので、高インセンティブでリクエストが鳴りやまない最高の条件に変貌することもあります。ほかの条件を含めて総合的に判断しましょう。

◎ 現金払い対応による影響

　現金払いのリクエストを受けることは、リクエストの受けやすさに大きく影響するので、もっとも重要な条件の1つです。受けられる注文数が増えるうえにライバルの配達パートナーが半減するので、かなりリクエストが受けやすくなります。現金払いはキャッシュレス決済に比べると手間は増えますが効果は絶大です。配達パートナーの数が多くなる条件が重なっているときは、現金払いへの対応は必須と考えたほうがよいでしょう。

第5章　配達全般に役立つ基礎テクニックを身に付けよう

Section 35

「現金払い」に挑戦しよう

 リクエストの増加

🔑 事前準備

配達リクエスト数を増やすためにもっとも有効な手段が「現金払い」のリクエストを受けることです。ここでは、現金払いに必要な事前の準備や配達の流れについて解説していきます。

¥ 「現金払い」のしくみを理解する

注文者の支払い方法は、クレジットカードや電子マネーなどによる「キャッシュレス決済」と「現金払い」の2種類があります。

配達パートナーは、アプリの設定で「現金払い」のリクエストを受けるかどうかを決めることができます。アプリのアップデートなどで自動的にオンになることがあるので、配達を始める前に必ず設定を確認しておきましょう。

🔘 報酬の受け取り方

配達パートナーは、料理の代金と配送手数料の合計金額を注文者から現金で回収します。数日間の配達で「回収した金額」と「配達の売り上げ」を比べたときに、どちらが大きいかによって報酬の受け取り方法が異なります。たとえば、回収した金額が1万円、配達の売り上げが7千円の場合は、本来受け取るべき報酬よりも3千円多く現金を受け取っています。超過した3千円は、配達パートナーがアプリに登録したクレジットカードで決済することで帳尻を合わせます。反対に、回収した金額が7千円、売り上げが1万円の場合は、差額の3千円が報酬として銀行に振り込まれます。

◉回収金額1万円・売り上げ7千円の例

▲ 売り上げよりも回収した金額のほうが多ければ、差額がクレジットカード決済される。なお、配達1件ごとではなく、数日間の総額で計算される。

　現金払いに対応することで得られるメリットとデメリットを見ていきましょう。

現金払いのメリット

　Uber Eatsの公式情報によると、現金払いに対応することで最大30%のリクエストの増加が見込めます。そのため、オフピークに現金払いリクエストを受ければ、待機時間を大幅に減らすことができます。

　現金払い対応にはほかにも思わぬメリットがあります。回収した現金が売り上げよりも多いときは差額がクレジットカードで決済されるため、カードのポイント還元を受けることができます。また、現金払いの配達ではお釣りを「チップ」としてもらえることもあります。金額の大きさよりも、その気持ちにうれしさを感じます。

現金払いのデメリット

　現金払いに対応するためには、「釣り銭」や「コインケース」などを準備しなければなりません。また、キャッシュレス決済にはなかった現金のやり取りが増えて、配達の効率が下がるというデメリットもあります。待機時間が少ないピークタイムは、現金払い設定をオフにして配達効率を優先してもよいでしょう。

　人によって感じ方は違ってきますが、不特定多数の人と現金のやり取りをすることで、感染症リスクを感じる配達パートナーも多くいます。なるべく顔を触らない、配達を終えたら必ず手洗いするなどの対応を徹底しましょう。

◎ 現金払い対応のメリット・デメリットまとめ

メリット	デメリット
・割り振られる配達リクエストが増える ・クレジットカードのポイントが付く ・チップがもらえる	・釣り銭やコインケースなどの準備が必要 ・配達の効率が下がる ・感染症などのリスクを感じる人もいる

▲ いくつかデメリットはあるものの、収入をアップするという観点であれば設定をオンにしない手はない。

第5章　配達全般に役立つ基礎テクニックを身に付けよう

¥ 「現金払い」の準備をする

■コインケース・お札入れ

コインケースとお札入れは、注文者とのお
金のやり取りをスムーズにするために配達専
用のものを用意しましょう。コインケース
は、1円玉から500円玉まで各種収納でき、
10円玉と100円玉が最大40枚くらいス
トックできるものであれば十分です。お札入
れは、長財布やジップロックのようなチャッ
ク付きの透明のビニール袋などを使う人もい
ます。

▲ コンパクトなものがよいが収納枚数が少
なすぎるのもNG。

■ウェストポーチ・肩掛けカバン

コインケースは配達バッグに入れておきたいところですが、レストランに
よってはバッグの持ち込みがNGな店舗もあります。釣り銭が入ったバッグを
車両に置いておくと盗難のリスクがあるため、コインケースとお札入れが入る
ウェストポーチや肩掛けカバンを利用して釣り銭を持ち歩くと安心です。

■釣り銭

釣り銭を用意するときのポイントは硬貨の枚数です。多すぎると重くなり、
少なすぎると配達の途中で足りなくなる可能性があります。下の表は、配達開
始時に用意する釣り銭の例です。1日の配達が終わったら、コインケースやお
札入れの中の枚数をリセットして、次の配達に備えましょう。

◉用意する釣り銭の例（枚数多め）

金種	枚数	金額	金種	枚数	金額
千円札	20枚	20,000円	十円玉	20枚	200円
五百円玉	2枚	1,000円	五円玉	2枚	10円
百円玉	20枚	2,000円	一円玉	10枚	10円
五十円玉	2枚	100円	合計金額	―	23,320円

▲ Uber Eatsでは1円単位のメニューを用意するレストランもあるため一円玉は必須。五千円札は高額で持
ち歩くのにリスクがあるため、上の例のように千円札を多めに用意して代用すればOK。

第5章 配達全般に役立つ基礎テクニックを身に付けよう

「現金払い」を受けたときの配達の流れ

現金払いのリクエストを受けたときの配達の流れを見ていきましょう。

1．現金払いの設定を確認する

配達アプリのアップデートなどのタイミングで、勝手に設定がオンになっていることもあります。配達を始める前に、現金払いの設定を確認する習慣を付けるとよいでしょう。

2．リクエストを受けてレストランに向かう

リクエストを受けた時点では、キャッシュレス決済か現金決済かはわからない仕様になっています。通常の配達と同じようにレストランに向かいます。

3．料理を受け取って配達を開始する

レストランで料理を受け取ったら、配達アプリで「配達を開始する」にします。注文者情報の画面に「現金」アイコンがあれば、現金払いの案件です。

4．料理と現金の受け渡しをする

注文者に料理を渡して代金を受け取ります。料理を先に渡してから現金をやり取りするとスムーズです。配達アプリの画面に受け取り金額が表示されるので、注文者に画面を見せて金額を確認し、現金を受け取ります。お釣りの計算は暗算でも構いませんが、スマホアプリの計算機で計算して相手に見せたほうがトラブル防止になります。

◉配達アプリの画面

◀ 現金決済の場合は、注文番号の下に「現金を受け取る」の表示がある（左画面）。アプリ画面に表示された金額を注文者に見せて現金を受け取る（右画面）。

第5章 配達全般に役立つ基礎テクニックを身に付けよう

85

Section 36 同時配達に挑戦しよう

2件分の配達リクエストを同時に受けることで、効率的に売り上げアップを狙うことができます。メリットとデメリットを理解して、同時配達のリクエストを受けるかどうかを決めましょう。

- 売り上げアップ
- 遅延リスク

第5章 配達全般に役立つ基礎テクニックを身に付けよう

¥ 同時配達のしくみ

Uber Eatsでは「同時配達」というリクエストが通知されることがあります。これは「あるレストランの2件分の配達リクエストが、1人の配達パートナーに同時に割り振られること」を指します。料理の注文数に対して配達パートナー数が不足してくると、配達を効率化するために同時配達リクエストが増えます。リクエストを受けたら、1つのレストランで2件分の料理を受け取り、1件ずつ順番に配達していきます。

▲ 赤枠部分の表示を見れば、通常の1件のリクエストと区別できる。

同時配達のメリット・デメリット

同時配達のメリットは、通常の1件の配達よりも効率的に稼げることです。クエストにおいても2件分の配達としてカウントされるので、クエストを達成しやすくなります。

同時配達のデメリットは、2件目の配達が遅くなってしまうことです。レストランで2件分の料理を同時に受け取ったら、1件ずつ順番に配達します。仮に1件目の住所に不備があって配達に手間取ったり、2件目の配達先が1件目と反対方向にある場合は、注文されてから料理を届けるまでにかなりの時間を要します。配達が遅くなると、配達パートナーは注文者から低評価を受けやすくなるため、メリットとデメリットを理解したうえで同時配達を受けるようにしましょう。

同時配達リクエストを受けたときの配達の流れを見ていきましょう。

1．同時配達リクエストを受ける

配達リクエストの通知画面に「2件の注文」と記載されている場合は同時配達リクエストです。通常のリクエストと同様に、画面下部に出てくる黒いカードをタップして受けることができます。リクエストを受けたらレストランに向かいます。

2．料理を受け取る

同時配達リクエストを受けると、アプリ画面に2つの注文番号が表示されます。レストランに到着したら、2つの注文番号を店員に伝え、商品を2つ受け取ります。

3．1件目の注文者に配達する

アプリで配達を開始すると1件目の目的地が表示されるので、配達先に向かいます。1件目の商品を注文者に渡して配達を完了すると、自動的に2件目の目的地が表示されます。

4．2件目の注文者に配達する

2件目の注文者に料理を渡したら配達完了です。配達を完了するとリクエスト待ち画面に戻ります。

◉同時配達の業務フロー

同時配達 リクエスト が来た！	レストラン	2件分を 同時に 運びます！		配達先1	配達先2
待機中	2件分の料理 受け取り			1件目の 配達完了	2件目の 配達完了

▲ 1件目と2件目の配達先が近いときに同時配達になりやすい。

 誤配を防ぐためにペンと付箋を持ち歩く

同時配達では2件分の料理をバッグにしまうため、注文番号と料理の区別が付かなくなると誤配の原因になります。商品の袋に注文番号の札が付いていない場合は、付箋などを使って混同しないように工夫しましょう。

先行予約配達に挑戦しよう

配達に慣れてきたら「先行予約配達」にチャレンジしてみましょう。配達が完了する前に次の配達のリクエストを受けられるので、待機時間をなくすことができます。

🔑 先行予約配達

🔑 待機時間

¥ 先行予約配達のしくみ

　レストランで料理を受け取ってから配達先に移動しているときに、次の配達リクエストが来ることがあります。これを「先行予約配達」といいます。先行予約配達を引き受けると、1件目の配達完了後すぐに次の配達を始めることができます。ピークタイムなど配達パートナーが不足しているときや、1件目の配達先と2件目のレストランの場所が近い場合に、先行予約配達のリクエストが多くなります。

先行予約配達のメリット・デメリット

　先行予約配達のメリットは、配達の合間の待機時間がなくなることです。待機時間がなくなるため、効率的に配達することができます。ピーク時間帯は常に先行予約配達を受け続けることで、休みなく配達を続けることができます。
　デメリットは、1件目の配達の遅延が2件目に影響することです。配達に慣れていない段階では、「2件目があるから急いで配達しなければ」というプレッシャーを感じる人もいるでしょう。もし1件目の配達に手間取りそうなときは、2件目の配達を早めにキャンセルしましょう。先行予約配達の場合は、2件目の料理を受け取っていないため、キャンセルしても問題ありません。

◉先行予約配達のメリット・デメリット

メリット	デメリット
・配達の間の待機時間をなくすことができる	・1件目の配達が遅れると2件目に影響する
・同時配達と違い2件目をキャンセルできる	・2件目があることがプレッシャーになる

▲ 1件目が遅れそうなときは、早めにキャンセルすることで影響を最小化できる。

先行予約配達のリクエストを受けたときの配達の流れを見ていきましょう。

１．配達リクエストを受ける

通常の配達リクエストを受けます。リクエストを受けたら料理を受け取りにレストランに向かいます。もし先行予約配達を受けたくない場合は、この時点で配達アプリをオフラインにしますが、今回は先行予約配達を受けたいのでオフラインにしません。

２．１件目の料理を受け取る

通常の配達と同じように、１件目の料理を受け取って配達を開始します。

３．１件目の配達中に２件目のリクエストを受ける

通常の配達と同じように、配達アプリに表示された目的地に向かいます。先行予約配達のリクエストは、１件目の配達先に近付いたときに通知音とともに画面に通知されます。マップ画面からリクエスト通知の画面に切り替わるので、そのリクエストを受けるか拒否するかを決めてタップします。

リクエストを受けるか拒否すると、もとの１件目のマップ画面に戻るので、そのまま１件目の配達を続けましょう。１件目の配達が完了したらアプリで配達完了をします。

４．２件目の注文者に配達する

１件目の配達が完了すると、すぐにアプリに２件目のレストランが表示されるので、料理を受け取りに向かいます。料理を受け取ったら配達を開始し、無事に配達が完了すると、リクエストの待機画面に戻ります。

◉先行予約配達の業務フロー

▲ 1件目の配達先と2件目のレストランが近いときに先行予約配達になりやすい。

Section 38

置き配の手順を覚えよう

誤配を防ぐ
インターホン

ここ数年で「置き配サービス」の利用が一般的になってきましたが、フードデリバリーではやり方が確立していない部分もあります。誤配などのミスがないよう細心の注意が必要です。

増え始めた置き配の指定

Uber Eatsの料理の受け取り方は、従来からある「玄関先で受け取る」「外で受け取る」の2つに加えて、2020年から「玄関先に置く」（いわゆる置き配）も選べるようになりました。置き配は、配達した料理を対面で手渡しせずに玄関先に置く方法です。食べ物を置き配することに対する抵抗感からか、当初は置き配の指定は少なかったものの、その利便性の高さから利用者が増えつつあります。玄関のドア横に置けばよいため、すぐに次の配達に移れるなど、配達パートナーにとっての利点もあります。

しかし、注文者と顔を合わせることがないため、誤った住所に配達してしまう「誤配」が増えています。過信や思い込みを捨てて**1軒ずつ確実に配達することが誤配の防止**につながります。

置き配のやり方はルールが定まっていない部分もある

置き配指定は始まってから間もない宅配スタイルで、そのやり方に関してUber Eatsから細かい指定はありません。そのため、置き配のやり方に疑問を持った配達パートナーの間では、SNSを介して多くのやり取りがなされています。たとえばよくある質問は、「配達時にインターホンを鳴らすかどうか」というものです。これについてはUber Eatsの運営から、「注文者に到着を知らせるためにインターホンを鳴らすことを推奨する」とアナウンスされています。わからないことがあれば、サポートやSNSなどで意見を聞いてみましょう。

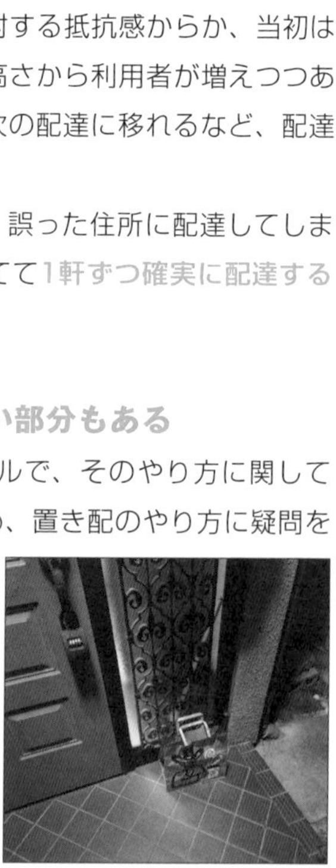

▲ ドアを開いたときにぶつからず、すぐに見える場所に置く。

置き配の具体的な手順を見ていきましょう。

1．料理を受け取って受け渡し方法を確認する

レストランで料理を受け取ったら、料理の受け渡し方法を確認します。「玄関先に置く」となっていれば置き配の指定です。

2．配達開始前に定型文メッセージを送る

置き配の場合は配達先への移動前に以下のようなメッセージを送ってもよいでしょう。

「玄関先に置く」のご指示に従い、置き配とさせていただきます。
商品のお届け時には、インターホンで到着をお知らせします。

注文者からインターホンを押してほしくないというメッセージが返ってきたら、その指示に従います。

3．配達先に到着したらドア横に料理を置く

料理をドア横に置きます。床が汚れている場合は料理の下に紙を敷いたほうがよいかもしれませんが、基本的には不要です。料理はドアを開けてすぐに見えるよう、「ドアが開く側」に置きます。

4．写真撮影とメッセージを送信する

配達アプリで配達を完了をすると、料理を置いた状態の写真のアップロード（スキップ可）とメッセージの送信（任意）が求められます。料理の到着を知らせるために以下のようなメッセージを送ってもよいでしょう。

置き配にてお届けを完了いたしましたので、お早めにご確認をお願いいたします。
料理・配達についてのお問い合わせがある場合は、お手数ですが注文アプリからサポートまでご連絡をお願いいたします。またのご利用をお待ちしております。

5．インターホンを押す

最後にインターホンを押します。注文者がすぐに応答した場合は、料理を置いた場所を伝えましょう。応答がなければ、その場を立ち去って次の配達に移ります。

 戸建ての置き配は誤配がおきやすい

アパートやマンションの場合は建物名でチェックできますが、戸建ての場合は建物名がないので、誤配がおきやすくなります。そうした場合は、メッセージやインターホンで、注文者とコミュニケーションを取ることで誤配を防ぐことができます。

Section 39 建物の特徴を理解しよう

🔑 どこでも配達

🔑 コミュニケーション

いつでもどこでも配達できるのがフードデリバリーの特徴です。配達パートナーはどこにでも配達できるように、配達先の建物ごとの特徴や注意点を理解する必要があります。

¥ どこにでも配達できるのがフードデリバリーの魅力

　ここ数年のスマートフォンの普及とアプリの充実により、GPSによる位置情報の取得や、チャットのようなコミュニケーションツールの利用があたりまえになりました。その結果、フードデリバリーサービスは「従来の出前」とは違った柔軟な受け取り方や配達先の指定ができるようになりました。

　配達パートナーの配達先もさまざまで、建物の種別を挙げると、マンション・アパート・オフィス・ホテル・戸建て・公園・そのほかの屋外施設などがあります。おもしろいところでは、米軍基地への配達などもあります。フードデリバリーサービスの利用シーンが増えることはよいことですが、配達パートナーとしてあらゆる状況に対処する必要があります。建物ごとの特徴や注意事項を理解し、柔軟に対応できるようにしておきましょう。

◉フードデリバリーのさまざまな配達先

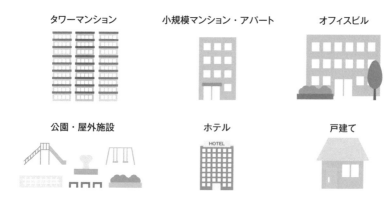

タワーマンション　　　小規模マンション・アパート　　オフィスビル

公園・屋外施設　　　ホテル　　　戸建て

建物の種類によって配達の難易度や所要時間が変わってきます。それぞれの特徴や注意点を理解して配達に役立てましょう。

■ タワー・大規模マンションは手続きが煩雑

フードデリバリーでは、タワーマンションへの配達は頻繁にあります。建物が見つからないことはありませんが、到着してから配達するまでに時間がかかります。「いくつもオートロックがある」「防災センターで入館手続きをする」「業者用のエレベーターを使う」といった独自のルールが、マンションごとに決まっています。ルールがわからない場合は、コンシェルジュや管理人に確認するのが無難です。また、マンションの敷地内への駐車が禁止されている場合もあるため、駐車して問題ないかよく見てトラブルを避けましょう。

大規模なマンションの場合は、A棟・B棟・C棟のように敷地内にいくつも棟があるため、配達先の棟を間違えないよう注意が必要です。敷地内にある掲示板やゼンリン地図アプリを見て、棟の番号を確実にチェックしてください。

■ 小規模マンション・アパートは難易度が低い

小規模マンションやアパートは、配達する機会がもっとも多い建物です。建物は見つけやすく、入館方法もシンプルなので配達がかんたんです。マンションであれば、エントランスにオートロックが1か所のみで、エレベーターの待ち時間もほとんどありません。アパートはさらにかんたんで、建物に着いてから部屋の前まですぐにたどり着くことができます。稀に104などの番号が欠番になっていることがあるので、部屋番号のプレートは必ずチェックしましょう。

■ ホテルはセキュリティルールが厳しい

ホテルへの配達の際、部屋の前での受け渡しを希望された場合は注意が必要です。ホテルによってはセキュリティが厳しく配達パートナーが入館できないことがあるからです。ホテルに到着したら、フロントにフードデリバーであることを伝えて、入館できるかどうかを確認して指示に従いましょう。指定された場所で受け渡しができない場合は、電話やメッセージ機能を利用して注文者に理由を説明し、フロントやエントランスで受け渡すようにしましょう。

　建物の種類によって配達の難易度や所要時間が変わってきます。それぞれの特徴や注意点を理解して配達に役立てましょう。

■オフィスビルは意外に入館しやすい

　オフィスビルへの配達は、オフィス街の昼のピークタイムに多くなります。入館方法はビルによって違いますが、配達する階までエレベーターで移動して、オフィスの入口近くで注文者に手渡しするケースが多いでしょう。オフィスビルでは、タワーマンションのような面倒な手続きは少ないです。ただし、エレベーターの待ち時間が長かったり、混雑することがあるので、トラブルにならないようにバッグの扱いに注意しましょう。サラリーマンの昼休み時間は限られているので、受け渡し方法がわからないときなどは時間を無駄にせず、すぐに注文者に電話して確認しましょう。

■戸建ては見つけにくいことがある

　戸建てはもっとも見つけるのが難しい建物ですが、戸建てへの配達の機会は集合住宅に比べれば少ないです。戸建てがあるエリアは、駅から離れた郊外で、1つの区画に密集して建っていることが多くあります。そのため、配達アプリのピンの位置が合っているときは問題なく配達できますが、ピンがずれているときは、たくさんある戸建ての中から1つの家を探さなければなりません。配達アプリやGoogle Map上では戸建てに住人の名前が表示されないため、見つけることは困難です。そのようなときは、注文者に電話して誘導してもらうか、戸建ての住人の名前がわかるゼンリン地図アプリ（Sec.63参照）を利用して問題を解決します。

■公園などは落ち合う場所を決めるのがカギ

　花見シーズンなどは、公園などの屋外施設に配達することがよくあります。しかし、敷地内への車両の乗り入れが禁止されていることが多いため、その場合は徒歩で注文者のもとに行く必要があります。広い敷地内で注文者を見つけるためには、電話やメッセージを利用し、目印になる場所で落ち合うことを提案しましょう。

建物ごとの特徴まとめ

　以上のように、フードデリバリーの配達では、さまざまな場所に配達する機会があります。建物の種類ごとに配達のしやすさ、かかる手間や時間が違ってきます。タワーマンションの独自のルールなどは、実際に配達してみて覚えていく必要があります。また、タワーマンションやオフィスビルなどで、入館のルールが厳しいところについては、待機時間などを利用し、メモアプリに備忘録を残しておいて情報を蓄積しましょう。

　そうした配達先の情報を蓄積していけば、次回以降はスムーズに配達することができたり、ピークタイムにリクエストを拒否して配達の効率アップにつなげたりすることができます。

◉ 建物ごとの特徴と配達時の注意点のまとめ

建物種別	特徴・注意点
タワーマンション	配達頻度は多いです。いくつもオートロックがある、防災センターでの手続きがある、業者用エレベーターのみ使用可能などの独自のルールが多いため、わからないときはコンシェルジュに確認します
小規模マンションアパート	配達頻度はもっとも多いです。オートロックは1か所のみでシンプルです。建物も低層階なので、建物を見つけたらすぐに配達を完了できます
オフィスビル	オフィス街の昼のピークに多いです。エントランスや電話での呼び出しが必要なことが多いものの、人の出入りが多いため、オフィスの入口まではスムーズに行けます
ホテル	配達頻度は少ないです。セキュリティルールによっては部屋の前まで配達できないことがあるため、フロントでの確認が必要です
戸建て	配達頻度は少ないです。建物名が存在しないため、配達先の特定が難しいことがあります。置き配の場合はとくに誤配になりやすいため注意が必要です
公園など	季節やエリアによって配達頻度が大きく変わります。園内への車両の乗り入れができないことがあります。広い敷地で注文者を見つけるためには、メッセージや電話でコミュニケーションを取る必要があります

▲ 手続きの煩雑さでいえばタワーマンション、見つけにくさでいえば戸建てが厄介。入館方法が特殊なマンションなどは、スマホにメモしておくとよい。

Section 40 配達先で迷ったら すぐに対処しよう

🔍 状況の把握

🔍 確認事項の整理

初心者のうちは配達先を見つけられないこともしばしばあります。まずは冷静に状況を把握して、注文者への確認事項を整理してから電話しましょう。

第5章 配達全般に役立つ基礎テクニックを身に付けよう

配達先で迷ってしまう原因はさまざま

配達パートナーを続けていれば、配達先が見つからずに迷ってしまうことは必ずあります。配達先で迷う原因はさまざまで、配達パートナーのミスが原因であることもあれば、配達アプリの不具合や注文者の入力ミスが原因であることも少なくありません。

配達先で迷ってしまうときの典型例

・配達先の住所が間違っている　　・建物名のプレートが見つからない
・マップのピンの位置がずれている　・マンションの入口がわからない
・建物が見つからない　　　　　　・部屋への行き方がわからない

配達先で迷ったときは、自分が悪いと考えたり焦ったりする必要はまったくありません。もっとも悪いのは、マップのピンの位置を見ながら建物を探して周辺をぐるぐる回り、10分も20分も時間を無駄にしてしまうことです。まずは冷静になることが問題解決の第一歩です。右ページの3つのステップに沿って情報を整理し、必要であれば躊躇せずに注文者に電話しましょう。

⦿迷ったときの心境

見つからない……
遅いから怒られるかな？
住所が間違ってる？
料理が冷めちゃうな

▲ まずは気持ちを落ち着かせることから始める。注文者に電話する前に、どのような情報が不足していて確認する必要があるのかを整理しておこう。

¥ 迷ってしまったときの解決3ステップ

　現地で迷ってしまったときは、いつまでもウロウロしていても解決できません。気持ちを落ち着けて、以下のステップに沿って解決しましょう。

■ステップ1．目的地の住所を確認する

　注文者の住所がきちんと登録されていることを確認しましょう。建物が見つからず迷っているときほど、思い込みや勘違いをしやすい状態になっています。住所は番地まで入力されているか、建物名は合っているかといった情報を1つずつ落ち着いて確認します。

■ステップ2．注文者からのメモを確認する

　配達先の建物がわかりにくいとき、多くの場合は注文者が「お客様のメモ」に建物を見つけるためのヒントを書いています。マンションへの入館方法やアパートの色、近くの目印になるものなどの情報があれば、ほとんどの場合は建物を見つけることができます。

■ステップ3．注文者に電話で確認する

　ステップ1、ステップ2で解決できない場合は、早めに見切りを付けて注文者に電話しましょう。ただし、電話する前にどのような情報が不足しているのか、何を確認したいのかを整理しておく必要があります。電話で道順をナビゲーションしてもらえそうなときは、コンビニなどの目印になりやすい建物などを起点にして誘導してもらうと、間違えずにたどり着くことができます。

◉迷ったときの問題解決3ステップ

　　住所の確認　　　　　　　注文者メモの確認　　　　　電話での確認

▲ 時間をかけずにすばやく情報を整理して、早めに電話で確認してしまおう。

第5章　配達全般に役立つ基礎テクニックを身に付けよう

41

Google Mapを使いこなそう

🔎 ルート検索

🔎 ピンずれ

スマホアプリの「Google Map」は、配達アプリの補助ツールとして活躍します。ルート検索や建物検索を使いこなしてスキルアップにつなげましょう。

💴 ルート検索やナビゲーションを使う

Uber Eatsの配達アプリには、Google Mapと連携する機能があるので、うまく活用してスムーズに配達しましょう。

◻Google Mapでルート検索する

Google Mapにはルート検索機能があります。車両の種類に応じた最適ルートを表示できるので、自転車でも使えます。最近はマップの精度が上がり、かなり正確にルートが表示されるようになりました。

◻ナビゲーション機能を使う

Google Mapにはナビゲーション機能もあります。土地勘のないエリアで配達するときに役立ちます。しかし、ナビを見ながら運転することは、注意力が散漫になりとても危険です。ナビを見るときは信号待ちの時間を利用するか、車両を安全なところに停車しましょう。

◉配達アプリとGoogle Mapの連携

◀ 左は配達アプリの画面。「移動を開始」ボタンをタップするとGoogle Mapが自動的に起動する。右はGoogle Mapの画面。配達アプリから引き継がれた住所をもとにルートが表示される。自転車などの車両別に表示できて便利。

配達アプリでは、アプリの不具合などが原因で目的地のピンがずれてしまい、マップ上に正しく表示されないことがあります。そうした場合でも、建物名か住所のどちらかの情報がわかれば、Google Mapの検索機能を利用して配達先を特定することができます。

建物名で検索する

番地などの正確な住所がわからないときは、配達アプリに表示されたマンション名やアパート名をGoogle Mapに入力して検索します。建物名がデータベースにあれば、建物の位置を特定することができます。

住所で検索する

建物名がわからないときは、配達アプリに表示された住所をGoogle Mapに入力して検索します。番地までの情報がデータベースにあれば、建物の位置を特定することができます。

以上のように、Google Mapを配達アプリの補助アプリとして利用することで、スムーズに配達できるようになります。ただし、配達アプリのみで目的地まで行けるほうが効率がよいので、慣れてきたらGoogle Mapに頼らないように意識してみましょう。

◉配達アプリのピンずれをGoogle Mapでリカバリー

◀ 左は配達アプリでピンずれしている状態。この状態でも、画面を下にスワイプすると、別画面で建物名や住所が確認できることがある。右はGoogle Mapの経路検索画面。配達アプリで確認した建物名や住所を入力して目的地までのルートを検索する。

第5章 配達全般に役立つ基礎テクニックを身に付けよう

Section 42

休憩の取り方を工夫しよう

🔑 こまめな休憩

🔑 イートイン

体力勝負の配達業務を続けるためには、休憩の取り方が重要です。疲れてから休憩するのでは遅すぎるため、コンビニのイートインなどを活用してこまめに休憩を取りましょう。

¥ ギグワークだからこそ柔軟に休憩できる

配達パートナーとして長く働くつもりであれば、「好きな時間に働ける」というギグワークの特性を活かして、柔軟な休憩の取り方をマスターしましょう。歩合制だからといって休憩を取らずに稼働し続けると、体に負担がかかって長続きしないだけでなく、集中力が切れて運転中に判断ミスをしやすくなります。安全かつ効率的に稼ぐための基本は、ピークタイムに重点的に稼働し、オフピークにうまく休憩を取ることです。

普段はそれほど長く自転車やバイクに乗らない人であれば、3時間くらいで疲労が溜まるのではないでしょうか。休憩のポイントは、疲れたと感じる前に少し休むことです。短い時間でも構わないので、最低でも2 ~ 3時間おきにこまめに休憩を挟むのがよいでしょう。

◉1日の稼働スケジュール例

9 : 00 ~ 11 : 00	11 : 30 ~ 14 : 00	15 : 00 ~ 17 : 00	17 : 30 ~ 20 : 00	
稼働	稼働	稼働	稼働	

▲ 2 ~ 3時間おきに休憩する稼働の例。ピーク時間はなるべく稼働し、オフピークに休憩を取るようにする。休憩の取り方は働き方によっても違ってくる。専業で1日稼働するのであれば目標の件数や金額にとらわれすぎて無理をしないよう、オフピークに休息を取りながら配達する。

配達パートナーが利用できる休憩スポットはさまざまです。休憩の目的に合わせて最適な場所を選びましょう。

■ きっちり休憩を取る（昼食や夜食）

配達を長時間続ける場合は、昼食や夜食のために休憩を取ることもあります。自宅がフードデリバリーのサービスエリア内やその近くにあれば、自宅で休むことも選択肢の1つですが、そうでない場合は、ファストフードやコンビニのイートインを利用するのがおすすめです。食事が終わったら配達アプリをオンラインに切り替えて、店内で休憩しながら次のリクエストを待つことができます。

配達バッグは大きいので、店内の状況によっては持ち込めないこともあるでしょう。配達バッグの盗難が増えているため、車両といっしょに置いておく場合は、盗難防止用のケーブルなどでつないでおくことをおすすめします。

■ 小休憩を取る

自転車で稼働する場合は体力を消耗するので、コンビニや自動販売機などで飲み物を購入してこまめに水分補給します。のどが渇く前に補給することが大切です。コンビニのイートインがあれば、配達アプリをオンラインにしたままで休憩することができます。セブンイレブン、ファミリーマート、ローソンの一部の店舗では、無料のWi-Fiスポットやコンセントがあるので、スマートフォンやモバイルバッテリーの残量が少なくなってきたら充電することも可能です。イートインがあるコンビニの場所を頭に入れておくと、効率的に休憩することができます。

◉ 配達パートナーの定番休憩スポット

ファストフード　　　　　公園　　　　　コンビニ（イートイン）

Column

増えるゴーストレストラン

Uber Eatsの配達パートナーをしていると、加盟レストランの変化に気が付くことがあります。たとえば、2020年の春あたりから急激に増えた「ゴーストレストラン」がその1つです。ゴーストレストランとは、客席がないデリバリー専門のレストランのことで、Uber Eatsの加盟店にも実はすでにかなりの数のゴーストレストランがあります。

ゴーストレストランは、シェアキッチンなどを利用して複数のレストランが同じ場所に店舗を構える形態が一般的ですが、最近は居酒屋などの既存の店舗が「○○専門店」として別看板を出しているケースも多く見かけます。確かに同じ「から揚げ」を売るにしても、「居酒屋のから揚げ」として出すより、「から揚げ専門店のから揚げ」として出すほうが圧倒的に魅力的です。ほかにも、居酒屋がタイ料理のカオマンガイ専門店や、韓国料理のタッカンマリ専門店を展開するという事例もあります。場合によっては、1つの店舗で複数のゴーストレストランを運営していることさえあります。ゴーストレストランの存在には賛否両論があるものの、配達パートナーをしていると、こうしたフードデリバリーのおもしろい変化を体験することもあるのです。

ゴーストレストランは、店舗の外から見ても店の名前はわかりませんが、配達アプリのメモ欄に「実店舗名は○○です」と書かれているので見つけることができます。スムーズに料理を受け取るために、配達リクエストのメモ欄は確実に確認する習慣を付けましょう。

◉ゴーストレストランの実情

▲ 1つの場所で複数のゴーストレストランの店舗を営業していることもある。

第6章

報酬アップに役立つ
上級テクニックを身に付けよう

Section 43

売り上げアップの
基本を理解しよう

🔑 単価アップ

🔑 効率アップ

配達に慣れてきたら、次の目標は売り上げアップです。長時間労働ではなく、効率的に稼いでいくことを目指します。そのために必要な対策を1つずつ理解して実践しましょう。

¥ 売り上げアップのために必要なことを理解する

　仕事の流れを覚えたら、次は売り上げアップを目指しましょう。初めのころは、自転車やバイクでスピードを出したり、むやみに仕事の時間を増やしたりして目標を達成しようとしますが、これはよい方法とはいえません。スピードを出しても売り上げアップにはつながりませんし、労働時間を増やしても長くは続きません。「配達の効率化」によって売り上げアップを実現しましょう。6章では、無理せず確実に売り上げアップするための方法を、具体例とともに解説していきます。

🔲 1分1秒を削ることの積み重ねがスキルアップになる

　配達の効率を測る指標としては、「1時間あたりの配達件数」を意識しましょう。たとえば1時間に2件配達する場合、配達1件にかけられる時間は30分です。同様に、3件なら20分、4件なら15分となります。今の実力が1時間に2件なら、3件を目指すためには1件あたり10分削らなければなりません。そのためには、1分1秒という単位で時間を削り取る地道な工夫の積み重ねが必要です。この指標は稼働するエリアや車両によって変わるため、ほかの人と比較するのではなく、あくまで自分自身の効率化の尺度とします。

⊙ 配達時間と配達件数の関係

1 時間の配達件数	1 件の配達時間
2 件	30 分
3 件	20 分
4 件	15 分

◀ まずは1時間に3件を目安として
配達を効率化していく。

売り上げアップのための3つの基本原則

　売り上げアップのための方法は、以下の3つの基本原則に分類できます。具体的な方法について見ていく前にこれらの考え方を理解しましょう。

◉基本原則1．単価をアップする

　1件あたりの配達の単価を上げることができれば、売り上げアップにつながります。配達距離が長いリクエストを受ければ単価はアップしますが、配達件数が減るので効率的とはいえません。単価アップのために配達パートナーがやるべきことは、インセンティブを効率よく取ることです。

◉基本原則2．効率的に配達する

　「待機場所は○○の前がよい」「何時から何時はリクエストが多い」などの口コミ情報は有益なときもありますが、特定の条件下でしか役に立ちません。一方で、配達の動きを見直して効率化することは、エリア・時間・天候などの条件に関係なく、確実に売り上げアップにつながります。配達パートナーとしてレベルアップするためには、ローカルな情報に振り回されるのではなく、効率化を意識した工夫を積み重ねることが大切です。

◉基本原則3．待機時間を減らす

　待機時間を減らすことも、効率的に配達するのと同じくらい重要です。いろいろな対策を積み上げて配達時間を10分削減できたとしても、待機時間が10分もあっては努力が台なしになってしまうからです。つまり、どれほど配達が早くても、リクエストが入らずに待機時間が長ければ意味がないのです。

◉売り上げアップの3つの方法

単価アップ	効率アップ	待機時間の削減

▲　売り上げを増やすための取り組みの多くはこの3つに集約することができる。互いに影響してトレードオフになることもあるため、使い分けが必要だ。

第6章　報酬アップに役立つ上級テクニックを身に付けよう

インセンティブを攻略しよう

🔑 3つのインセンティブ

🔑 同時に狙う

配達の単価を上げるために欠かせないのが、インセンティブです。3種類のインセンティブを同時に攻略することで単価の大幅アップを実現します。

¥ インセンティブは同時に取りにいくのが基本

　フードデリバリーでは、1件の配達の単価を上げることで、収入アップを狙うことができます。3種類のインセンティブ（クエスト・ブースト・ピーク）の特徴を理解して、効率的に単価アップをしましょう。インセンティブを効率的に狙えば、単価を3〜5割ほどアップさせることも可能です。

　3種類のインセンティブは、同じエリアで同時に発生することがあるため、うまく配達リクエストを受けることができれば、3つのインセンティブを同時に取ることができます。インセンティブが同時に発生しているときは大きなチャンスです。

　クエスト・ブースト・ピークが重なっているときは単価がアップする一方で、ライバルの配達パートナー数も増えるので、リクエストが受けにくくなります。そのため、高単価のときは稼ぐチャンスですが、リクエストを減らさないための対策も同時に必要になってきます。

⦿3つのインセンティブの関係

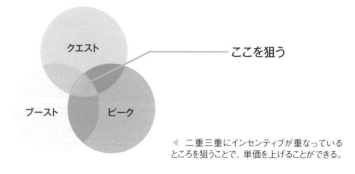

◀ 二重三重にインセンティブが重なっているところを狙うことで、単価を上げることができる。

（左余白・縦書き）

　クエストは事前にいくつかの選択肢が通知され、その中から自分の稼働プランに合った目標件数を選ぶことができます。目標件数が多ければ報酬もアップしますが、クエストの期限内にクリアできなければ報酬は支払われません。

　下図は月曜から木曜までの4日間のクエストの例ですが、「オプション1」は90件の配達で22,200円（1件あたり200円以上）、「オプション4」では50件の配達で5,200円（1件あたり約100円）の追加報酬となっています。

◉クエストのオプションの例

▲ クエストにはオプションがあり、自分の配達予定に応じて目標件数を選ぶことができる。件数が多い目標ほど、配達1件あたりの金額は大きくなる。

🔲 クエストの攻略法

　クエストは、配達件数を多くこなせる専業の配達パートナーに有利なインセンティブであるといえます。あまり多くの件数を予定していない場合は、クエストにこだわらず、ブーストやピークを積極的に狙うとよいでしょう。

　クエストは数日間をまたぐようなパターンのほか、雨の日に出現するものや、そのほかの特別な日（たとえばお正月など）に出現するものもあり、それぞれのクエストが同時に発生することもあります。クエストを攻略するためには、同時配達リクエストを受ける、現金払いリクエストを受ける、配達距離が短いショートドロップ（Sec.47参照）を狙うといった戦略が有効です。

　ブーストは、指定されたエリア・時間帯で配達したときに加算されるインセンティブで、売り上げの「基本金額」部分のみが一定倍率で増額されます。倍率は事前に通知されるので、アプリで確認してから配達を開始することができます。ブーストはクエストと違って1件ごとに加算されるので、配達件数が少ない副業の配達パートナーでも平等に得ることができます。

◉ **配達アプリでのブーストの確認画面**

◀ 左の画面では、日にちと時間ごとのブーストの倍率が確認できる。画面をタップすると、右のようにエリアごとに倍率を確認できる。

■ ブーストの攻略法

　ブーストは配送料の基本金額に対して倍率の分だけ増額されます。たとえば、ブーストが1.5倍で基本金額が100円の場合は、インセンティブはプラス50円になります。したがって、基本金額が小さい場合は、ブーストを狙うメリットは少なくなります。配送料の内訳（基本金額と配達調整金額）は、Uber Eatsの運営によって今後大きく変更される可能性があります。直近の売り上げの基本金額を確認して、ブーストを狙うメリットがあるかを考え、稼働計画を立てましょう。

　ブーストはクエストやピークに比べると、1件あたりの金額が小さい傾向にあります。配送料の基本金額が小さい場合は、見せかけの高ブーストを狙うよりも、あえて低ブーストエリアでリクエストを受けやすくするという戦略もあり得ます。

ピークはほかの2つとは違い、事前に発生するエリアや時間帯を知ることはできません。当日の注文数と配達パートナー数のバランスに応じてリアルタイムにエリアと金額が変化します。ピークという名前のとおり、日中と夜間のピークタイムを中心に発生することが多くなります。

ピークエリアは時々刻々と変化しますが、その中心となる場所はほぼ決まっています。下図のように繁華街の中心を発生源として、そこから放射状に広がっていくのが特徴です。中心部ほどピーク料金が高くなるので、待機場所はピークの発生源の近くにしましょう。ピークは1件ごとに上乗せされるので、ブーストと同様に副業の配達パートナーにも取りやすいインセンティブです。

◉ **ピークが時間とともに拡大していく様子**

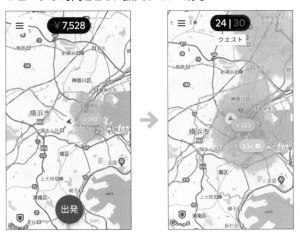

◀ ピークの中心地はいつも決まっている。中心地から放射状に広がっていき、金額も中心地に近いほど高い。

◻ **ピークの攻略法**

ピークの金額は、現状では1件の配達につき100 〜 300円くらいまでとなっており、クエストやブーストに比べて金額が大きくなる傾向があります。そのため、ピークが発生しているときはピークを取ることを最優先としながら、ほかのインセンティブも同時に取れればなおよいでしょう。ただし、今後のUber Eatsの運営方針によって、インセンティブの金額は予告なく変更される可能性があります。定期的に過去の売り上げの内訳を確認して、どのインセンティブに比重を置くかを意識しておきましょう。

第6章 報酬アップに役立つ上級テクニックを身に付けよう

Section 45 ピークタイムを 分析しよう

🔑 時間による違い

🔑 曜日による違い

ランチとディナーのピークタイムは、注文需要が見込める稼ぎ時です。オフピークとの違いや曜日による違いを知ることができれば、より繊細な稼働計画を立てることができます。

¥ ピークタイムを分析してみる

Uber Eatsの公式情報によると、注文数が多くなるピークタイムは、11 ～ 14時、18 ～ 21時とアナウンスされていますが、加えて以下のような情報があれば、もっと役に立つのではないでしょうか。

- ・昼と夜のピークタイムに違いはあるのか？
- ・ピークタイムとオフピークではどれくらい違うのか？
- ・オフピークでも狙い時はあるのか？
- ・曜日による違いはどうなのか？

Uber Eatsの需要を予測してみる

Uber Eatsで注文するユーザーの中には、ネットを使って口コミやキャンペーン情報を調べる人がたくさんいます。そのため、Uber Eatsの注文需要が増えると、関連するWebページやSNSなどへのアクセスも増えると考えられます。したがって、筆者が運営するブログ『ウーバーイーツ活用ブログ』(https://life-asset-management.net/）へのアクセス数を収集することで、Uber Eatsの注文需要を予測することができます。ここではその結果をもとに、上に挙げた4つの疑問について解説します。

分析するアクセス数とデータ収集期間

アクセス数を集計した期間は、2020年1月から2021年4月までです。月曜日から日曜日までのそれぞれの曜日で、1時間ごとのアクセス数を累積して集計することで、時間帯や曜日によるアクセス数の偏りを計測しました。

　ブログへのアクセス数を集計してグラフ化したものをベースに、Uber Eats
の注文需要を予測します。

時間帯による需要の違い

　下の左のグラフは、時間帯別のアクセス比率です。網掛けした部分（11時
30分〜14時30分、16時30分〜20時30分）がピークになっています。
Uber Eatsの公式情報のピーク時間と比べると、夕方に少しずれがあることが
わかります。18時よりも前に稼働を始めると、リクエストが受けやすいかも
しれません。

　オフピークを3つの区分「8〜11時」「15時前後」「21〜24時」に分け
て比較すると、アクセス数に大きな差があることがわかります。15時前後の
オフピークは、ほかの時間帯に比べると注文数が多いことが予測できるので、
早朝や深夜に比べれば安定稼働ができそうです。

◉時間帯別アクセス数（左）と曜日別アクセス数（右）

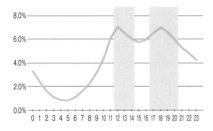
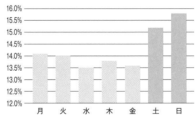

曜日による注文需要の違い

　平日と休日で比べると、休日のほうが注文数が多いのは明らかですが、アク
セス数を見る限りでは、日曜日のほうが土曜日よりも注文数が多いことが予想
されます。土曜日と日曜日とで配達パートナーの数が同じくらいだとすると、
日曜日のほうがリクエストを受けやすいと考えられます。

　平日にもアクセス数に差があることがわかります。週初めの月曜日・火曜日
は注文数が多く、水曜日から金曜日までは注文数が少ないと予測できます。こ
の予測が正しいとすれば、平日に配達する場合は、月曜日・火曜日に優先的に
稼働して、水曜日から金曜日の中で休みを取るのがよいでしょう。

Section 46 僻地ドロップ戦略を立てよう

次のリクエスト
インセンティブ

長距離の配達は単価が高くなりますが、さまざまなデメリットがあります。長距離の配達のデメリットを理解して、効率の悪い配達を回避する方法を覚えましょう。

僻地ドロップへの対応方針

「僻地ドロップ」は、配達パートナーの間で使われている言葉で、駅周辺の繁華街から離れた場所への配達を指します。駅の近くのレストランで料理を受け取った場合、長距離の配達リクエストを受けると、この僻地ドロップになる可能性が高くなります。長距離の配達自体は売り上げ単価が高くなるので、必ずしも割に合わないとは限りませんが、僻地ドロップを受けてしまうと、右ページに挙げる理由などが効率の悪い配達になります。僻地ドロップを受けるデメリットを理解したうえで、リクエストを受けるかどうかを判断しましょう。

僻地ドロップの見分け方

僻地ドロップを見分ける方法はかんたんです。リクエスト通知を受けたときに、配達先の住所とマップのピンの位置を見て僻地かどうかを判別することができます。ただし、そのためには配達エリアの地図を覚えていて、その配達先がどのようなエリアにあるのかを把握している必要があります。

もしも配達エリアの地図を覚えていない場合は、リクエスト通知の距離や時間表示を見て推測するしかありません。フードデリバリーの配達は、長距離の配達ほど駅から離れていく傾向があります。エリアにもよりますが、レストランから配達先まで4km・30分以上になると僻地ドロップになることが増えてきます。

¥ 僻地ドロップのデメリットを理解する

　僻地ドロップ配達には、以下のようなデメリットがあります。リクエスト通知画面を見て、自分が受けるべきかどうかを判断できるようにしましょう。

◎ 自分の配達エリアから外れてしまう

　配達パートナーの多くは、自分が得意とするエリア内で配達をしています。このエリアを外れると、道路や建物などの地図が頭に入っていないために配達の効率が落ちてしまいます。僻地ドロップのデメリットは、配達先が自分の配達エリアから外れてしまうことにあります。リクエスト通知で配達先の住所を確認して、自分の配達エリア内かどうかを判別しましょう。

◎ 先行予約配達・次のリクエストが受けにくい

　僻地ドロップは、駅から離れた住宅街に配達するケースがほとんどです。住宅街には加盟レストランが少ないので、配達を完了しても次のリクエストを受けるのが難しくなります。配達を続けるには待機場所に戻る必要がありますが、この移動時間に報酬はありません。リクエスト通知画面の配達先を見て、次の配達につながりそうかどうかを判断する必要があります。

◎ インセンティブが取りにくい

　インセンティブは配達件数が多いほうが有利なので、配達件数を稼ぎにくい僻地ドロップをくり返すと、インセンティブが減ってしまいます。また、僻地ドロップの配達先は、ピークが発生しやすい駅周辺から離れた住宅街なので、配達が完了して運よく次のリクエストを受けられたとしても、ピークがつかない可能性が高くなります。ピークを確実に上乗せするには、短距離の配達を狙って駅周辺から離れないのがベストです。

◉僻地ドロップのデメリット

◀ 僻地ドロップは、待機場所に戻るまでを含めて1件の配達と考えなければならない。

第6章　報酬アップに役立つ上級テクニックを身に付けよう

ショートドロップを狙おう

🔑 ショートドロップ

🔑 チェーン店

短距離の配達をすることで、配達件数やインセンティブを多く稼ぐことができます。ここではショートドロップを狙うための方法について解説していきます。

¥ ショートドロップのメリット

「ショートドロップ」は、配達パートナーの間で使われている言葉で、短距離の配達を指します。ショートドロップには、Sec.46で解説したような僻地ドロップになるリスクがほとんどないので、効率よく配達することができます。以下はショートドロップのメリットです。

・自分の配達エリア内を効率よく移動できる
・先行予約配達や次のリクエストが受けやすい
・インセンティブ（クエスト・ピーク・ブースト）が効率よく取れる

エリアによっても変わってきますが、レストランから配達先までの距離が3km以下のリクエストであれば、稼ぎやすい駅周辺のエリアから離れずに配達を続けることができるでしょう。

◉ ショートドロップの多いレストランを見分ける

リクエスト通知を見れば配達先や距離がわかるので、ショートドロップのみを選んで受けることはできます。しかし、単にロングドロップを拒否するだけでは、待機時間が長くなってしまい、売り上げが落ちてしまいます。ここで取るべき戦略は、ロングドロップをむやみに拒否することではなく、どんなレストランの近くで待機すれば、ショートドロップのリクエストが受けやすいのかを考えて行動することです。エリアによって狙い目のレストランは変わってきますが、同じ考え方を自分のエリアに適用すれば、ショートドロップが狙えるレストランが見つかるかもしれません。

　ショートドロップが多いと考えられるレストランを紹介します。配達エリア内における店舗数や位置によっても変わってくるため、実際に稼働して確認するようにしましょう。

マクドナルド

　公式な情報ではありませんが、マクドナルドの配達距離は約2kmに制限されているといわれています。筆者の過去の配達履歴を確認しても、2kmを超えたことがありません。

ファストフード・カフェのチェーン店

　チェーン展開されているファストフードやカフェ
は、1つのエリア内に複数の店舗がひしめいていま
す。Uber Eatsアプリでの注文は自動的に近くの店
舗が表示されるようになっているため、チェーン展
開されているレストランはショートドロップが期待
できます。周囲を同じチェーン店に囲まれている店
舗があれば、さらに期待できます。

▶ スターバックスコーヒーの例。狭いエリアに多
店舗展開しているためショートドロップが狙える。

類似のチェーン店

　牛丼チェーン店といえば、吉野家・すき家・松屋などが有名ですが、「お店
にこだわりはないから近くの牛丼屋で注文する」という人もいるはずです。そ
う考えると、エリアに吉野家が2店舗しかなくても、類似のチェーン店が10
店舗あれば、ファストフードの例と同様にショートドロップが期待できます。

〇〇専門店はロングドロップの傾向がある

これまで紹介してきたレストランとは反対に、独自性の強いレストランはロングド
ロップが多くなるかもしれません。たとえば、そのエリアで加盟しているベトナム
料理専門店が1店舗しかなければ、少し遠くてもその店舗から注文する人はいるで
しょう。

第6章　報酬アップに役立つ上級テクニックを身に付けよう

配達エリアの地図を覚えよう

🔑 スマホを見ない

🔑 地図を覚える

配達エリアの地図を覚えれば、スマートフォンを見る時間を大幅に減らすことができます。地図を頭に入れて、「効率的な配達」と「安全運転」を両立させましょう。

¥ 地図を覚える3つのメリット

配達の上級者になるためにもっとも大切なことは、配達エリアの地図を覚えることです。そうすれば、以下のようなメリットを得ることができます。

◉メリット1. 早く配達できる

スマートフォンを見る時間が減れば、1件の配達で何分も節約することができます。Uber Eatsの報酬体系では、早く配達できたからといって売り上げが減ることはないので、時間を節約することは売り上げアップに直結します。

◉メリット2. 頭（メンタル）の負担が減る

ルートを外れないように長時間運転することは頭を使います。地図を覚えれば、住所を見ただけでルートが浮かび、何も考えずに目的地まで行けます。

◉メリット3. 交通事故のリスクが減る

スマートフォンを見ながら運転する「ながら運転」は、周囲への注意が散漫になるためとても危険です。地図を覚えればスマートフォンを見る回数が減るので、交通事故に遭うリスクが格段に減ります。

◉地図を覚える3つのメリット

早く配達できる	メンタルの負担が減る	事故のリスクが減る

¥ 配達エリアの地図を覚える3つのコツ

　半径5kmも10kmもあるような広いエリアの地図を覚えることはかんたんではありません。段階的にレベルアップするための3つのステップを説明します。

■ステップ1．配達エリアを固定して3か月稼働する

　地図を覚えるために初めにやるべきことは、配達エリアを固定することです。エリアを決めることで、注文が多いレストランは店名を見ただけですぐに行けるようになります。配達先に関しても、とくによく配達に行くマンションであれば、ルートは自然に覚えられるでしょう。同じエリアで3か月配達を続ければ、かなり広いエリアの建物やルートを覚えることができます。

■ステップ2．ナビゲーションに頼らない・スマートフォンを見ない

　Google Mapのナビゲーション機能に頼っていると、地図を覚えるのが遅くなります。基本は配達アプリのマップのみを使って配達してみてください。配達先に移動する前にルートを頭に入れたら、そのあとはできる限りマップを見ないようにします。

■ステップ3．大きな道路や目立つ建物から覚える

　縦と横に走っている幹線道路から優先して覚えるようにします。実はこれだけで、ほとんどの配達先の近くまでは地図を見ないで行けるようになります。幹線道路を覚えたら、次はその道路から伸びる道路と、エリア内で目立つ建物を覚えます。その建物を「起点」として、周辺の地図も徐々に覚えていくと、頭の中で線（道路）と点（建物）が徐々につながって面（地図）になります。ぼんやりしていた地図が、次第にくっきりした解像度になるような感覚です。

▶ 右のマップの赤い線は、主要な道路を示したもの。たったこれだけを覚えるだけで、ほとんどの場所の近くまで行けるようになる。

第6章 ◆ 報酬アップに役立つ上級テクニックを身に付けよう

117

Section

49

最適なルートで
配達しよう

 最適ルートの決め方

 ルートの見直し

配達パートナーの腕の見せどころといえば、目的地までのルート選びです。最適なルートは自分のレベルやそのほかの条件によって変わるので定期的に見直しましょう。

¥ 最適なルートは条件によって変わる

　レストランから目的地までの最適なルートを選ぶことは、配達パートナーにとって重要なスキルです。1秒でも早く配達することができれば、その分だけ配達件数が増えて多くの収入が得られます。

◎ 最適ルート＝最短距離のルートとは限らない

　配達における最適なルートとは、「もっとも短い時間で配達できるルート」が基本になります。最短距離のルートを選ぶのがよいと考えがちですが、それほど単純な話ではありません。配達に使う車両の種類や自分の体力、エリアの地形や地図の理解度、配達する時間帯や天候といったさまざまな条件によって、最適なルートは変わってきます。したがって、配達パートナーによって最適なルートが違っても構いません。自分が稼働するときの条件を総合的に考えたうえで、そのときに最適なルートを選ぶようにしましょう。

◉ 最適ルートに影響する条件の例

配達車両

エリアの理解度

MAP

N

時間帯

第 **6** 章 ▼ 報酬アップに役立つ上級テクニックを身に付けよう

では、最適なルートはどのように決めればよいのでしょうか？ Google Mapのルート検索機能を利用したルート選びを例にして解説します。

🔲 車両によってルートを選ぶ

Google Mapのルート検索では、車両の種類に応じて表示されるルートが変わります。自転車で配達する場合は「自転車ルート」を確認しましょう。また、ルートの高低差も確認できるので、体力の消耗が少ないルートを選ぶこともできます。

🔲 エリアの理解度によってルートを選ぶ

エリアの地図の覚え具合によっても最適なルートは違ってきます。ポイントは「マップを見なくてもよいルート」を選ぶことです。仮に最短距離のルートがあったとしても、それが複雑なルートであればマップを見ながら行くことになり、結果的に時間がかかります。しかし、最短距離でなくてもマップを見ずに行けるくらいシンプルなルートであれば、早く配達できるだけでなく、次回からは住所を見ただけで行き方がわかるようになります。

🔲 時間帯によってルートを選ぶ

時間帯によっても最適なルートは違ってきます。たとえば、「道路の交通量」や「信号機の赤と青の時間配分」などは日中と夜間で大きく変わることがあります。とくに幹線道路では違いが顕著なので、日中は裏道を、夜間は幹線道路を優先して選ぶといった方法もあります。

ルートを決めたら頭の中に記憶して、できる限りマップを見ないようにします。配達完了後に振り返ってルートの良し悪しを評価しましょう。待機時間を利用してルートを見直すと、時間を有効活用できます。

このように、自分の中の最適なルートを随時アップデートしていくことで、徐々に洗練されたルートになっていきます。定期的にGoogle Mapやそのほかのアプリでルートを表示して見直すと、新たな発見をすることもあります。

第6章 報酬アップに役立つ上級テクニックを身に付けよう

119

Section 50 ピークタイムは リクエストを選ぼう

🔑 拒否

🔑 キャンセル

ピークタイムは、配達の効率が売り上げに大きく影響します。売り上げアップのためには、条件が悪いリクエストを拒否するという戦略を取ることもあります。

¥ ピークタイムは効率を優先して稼ぐ

フードデリバリーにはピークタイムとオフピークの時間があり、注文数に大きな差があります。ピークタイムは、配達パートナーが受けるリクエストの数も多くなり、待機時間はほとんどありませんが、オフピークでは待機時間が長くなります。したがって、売り上げアップのための対策は、ピークタイムとオフピークでは異なる戦略が必要になります。

ピークタイムは効率を最優先する

ピークタイムは待機時間を減らすことを考えるのではなく、「配達の効率化」のみに集中しましょう。たとえば、待機時間を減らすために「現金払いを受ける」という対策がありますが、現金のやり取りに時間がかかってしまうため、効率化を考えると、ピークタイムにはかえって逆効果になることもあります。

リクエストの拒否とキャンセルを使いこなす

配達リクエストは「リクエストを受けずに拒否する」「料理を受け取る前にキャンセルする」ことが可能です。したがって、拒否やキャンセルをうまく使えば、効率の悪い配達を避けることができます。ただし、キャンセルをしすぎると、Uber Eatsから右画面のような警告を受けることがあります。警告を受けた場合は、アカウントが停止されないようキャンセルの頻度を減らしましょう。

▲ キャンセルが多すぎると、Uber Eatsから警告メールが届くこともある。やりすぎないように注意しよう。

¥ リクエストを受ける・拒否する基準を決める

ピークタイムに効率の悪い配達で時間を無駄にしないために、どのようなリクエストを受けるのか、自分なりの基準を決めておくとよいでしょう。

◎ 時間と金額で基準を決める

リクエストを受けるときのシンプルな基準は、リクエスト通知画面に表示された配達時間と金額を見て決めることです。たとえば、1時間あたり2,000円の売り上げを目標とするならば、配達時間10分で330円、20分で660円、30分で1,000円という基準を設けて、それよりよい条件のリクエストを受けるようにします。

◉リクエスト通知画面の配達時間と金額

◀ 配達のリクエスト画面に表示された時間と金額を確認して、上の基準よりも金額が少なければ受けない、多ければ受けるというようにすれば、効率のよいリクエストを優先して取ることができる。

◎ レストランと配達先を見て決める

リクエストの通知画面には、料理を受け取るレストランの名前や配達先の住所が表示されており、こうした情報もリクエストを受けるときの判断基準になります。具体的には以下のようなときにリクエストを拒否することで、効率の悪いリクエストを避けることができます。

・いつも料理の受け取りで待たされるレストラン
・入館や配達に時間がかかるタワーマンションへの配達
・配達後にリクエストを受けにくい（僻地）エリアへの配達

同じエリアで配達を続けていると、レストラン名や配達先の住所を見ただけで、こうした判断ができるようになります。

Section 51 無駄な時間や動きを なくそう

🔑 動作の見直し

🔑 動作の効率化

ベテランの配達パートナーの動きは、無駄がなく洗練されてスムーズです。配達の動作を見直して、ベテランに向けてスキルアップを目指しましょう。

💴 10秒の積み重ねが1時間の効果を生む

フードデリバリーの仕事は誰にでもすぐに覚えられるものですが、初心者とベテランを見比べてみると、ベテランのほうが無駄な動きがなく、スムーズに動いていることがわかります。わずかな無駄をなくして短縮できるのはたった10秒かもしれませんが、360件の配達を積み重ねれば1時間の効果になります。ただし、無駄な動きというものは無意識であるがゆえに、見つけるのは難しいものです。そのようなときは、ステップダウンプロセスに沿って検討してみましょう。

ステップダウンプロセスを活用する

無駄な動きをなくすために、「動作を見直す」「省略を検討する」「効率化を検討する」という3つのプロセスで考えます。

第一段階では、配達の動作を細かく見直します。ある1つの動作に着目したら、第二段階では「その動作を省略できるか」検討します。無意識に習慣化している動作の中には、案外やらなくてもよいことが潜んでいるものです。省略できないのであれば、第三段階では「その動作を効率化できるか」検討します。アプリやアイテムを使って効率化できることがあります。

ステップダウンプロセス

| 動作を見直す |
| 省略できるか? |
| 効率化できるか? |

◀ 3つのプロセスをたどることで業務の無駄を改善できることがある。無意識にやっていることや思い込みを捨てることで、新たな発見をすることができる。

122

¥ 無駄な動きを改善する3つのステップ

　配達業務の無駄をなくす例として、「配達パートナーから注文者へ送るメッセージ」について考えてみましょう。左ページのステップダウンプロセスに沿って検討していきます。

ステップ1. 動作を見直す

　「配達パートナーから注文者へのメッセージ」の動作を見直す場合、配達するときにいつもどのようなメッセージを送っているか、すべて洗い出すところから始めます。洗い出しが完了したらステップ2に進みます。

ステップ2. 省略できないか検討する

　ステップ1で洗い出したメッセージの中に「配達開始の連絡」や「配達後のお礼」があったとします。このようなメッセージは、送っても悪いことはありませんが、不必要かつ非効率なので省略することができます。一方、住所不備の場合の問い合わせなど、省略できないメッセージもあるはずです。

ステップ3. 省略できないなら効率化することを考える

　省略することができないメッセージは、入力を効率化することを考えます。具体的には、「テンプレートを用意する」「音声入力を使う」といった方法が考えられます。このような工夫をすれば、手動で入力するときに比べて30秒くらい節約することができます。

　こうしたアイデアは横展開することでさらに作業を効率化することができます。たとえば音声入力なら、右画像のようにGoogle Mapの住所検索などでも利用できます。

◉音声入力の活用例

▶ 画面右上のマイクのアイコンをタップすると音声での入力ができる。音声入力は手入力よりも圧倒的に速い。メッセージのやり取りだけでなく、Google Mapでの検索などにも使える。

第6章　報酬アップに役立つ上級テクニックを身に付けよう

Section 52 トラブルにすばやく対応しよう

🔑 事前の対策

🔑 早めの対処

配達の仕事にトラブルはつきものですが、うまく対処できないと大きな時間のロスにつながります。事前の対策と早めの対処で最小限のロスに抑えることができます。

¥ トラブルはパターン化して対策を練る

効率的に売り上げをアップするために、1件の配達時間を秒単位で削っていく必要性について説明してきました。ところが、そうして地道に積み上げてきた1分1秒が、たった1回のトラブルで台なしになってしまうことがあります。それがピークタイムであれば、機会損失はさらに大きくなるでしょう。

配達パートナーにとって時間はお金を稼ぐための大切な資源です。時間を無駄にしないために、トラブルに迅速に対処して被害を最小限に抑えましょう。

▫ トラブル時の対応を決めておく

配達におけるトラブルはパターン化することができます。実際にトラブルが発生してから対策を考えるのではなく、どういったときにどう対処するのかを事前に想定しておくことで、現場で考える時間を減らすことができます。あらかじめ決めておくと心に余裕が生まれて、うまく問題を解決できるようになります。

⊙トラブル対策は事前に練っておく

住所に不備があったときは…

わからないことがあったら…

トラブル発生

事前に対策を決めておく

被害を最小限に抑えられる

▲ 想定されるトラブルに対する策をあらかじめ練っておくことで、冷静に対処できる。

¥ トラブル対策の具体例

　時間のロスになりそうなトラブルの例を紹介します。トラブルと対処方法を
セットで決めておけば、時間のロスを最小限にすることができます。

住所不備への対策

　目的地の住所に不備があるとき、注文者に確認のメッセージを送ることがあ
ります。メッセージのやり取りにはタイムラグがあるため、現地に到着してか
ら送ると待ち時間が発生してしまいます。メッセージは、後手にならないよう
配達を開始する前に送るようにしましょう。移動中に回答をもらえれば、時間
のロスをほぼゼロにできます。

長時間待たされるレストランへの対策

　レストランが混雑するピークタイムや、料理を作り置きできないラーメン店
などでは、料理を受け取りにいったときにはまだでき上がっていないことがあ
ります。いわれるがままに待っていては、ピークタイムに30分も待たされて
しまうこともあり得ます。料理に時間がかかりそうな雰囲気を察知したら、ス
タッフに待ち時間の目安を確認するようにしましょう。時間がかかりそうであ
ることがわかれば、キャンセルすることもできます。

建物への入館で迷ったときの対策

　マンションによっては入館方法に迷うことがあります。コンシェルジュや管
理人がいる場合は、入館手続きやエレベーターの使用などについてすぐに確認
するとよいでしょう。マンションに限らず、ホテルへの配達ならフロントに確
認する、駅ビルなら警備員に確認するというように決めておけば、すばやく対
処することができます。考えても答えが出ないことに時間を使うのはやめま
しょう。

トラブル対策は忘れないうちにメモしておく

フードデリバリーにおいて、トラブルは日常茶飯事です。トラブルや時間のロスが
あったときは、どうすればよかったのかを考えて、対応方針を忘れる前にメモして
おきましょう。そのようにトラブル対策を書き溜めていくことが、配達パートナー
としてのスキルアップにつながります。

53

仕事を
ルーティン化しよう

🔑 動作の細分化

🔑 ルーティン化

配達の仕事はほとんど同じ動作のくり返しなので、動きを細分化・ルーティン化することによって、無駄のない配達をすることができます。

¥ 仕事をルーティン化する3つのメリット

　配達パートナーの仕事は、ほかのどのアルバイトと比較してもとてもシンプルです。そのため、1つずつの動作を意識的に同じ順番で行う（ルーティン化する）ことで、以下のような3つのメリットが得られます。

・考えることが減って時間を短縮できる
・無駄な動作が入り込む余地がなくなる
・やり忘れによるミスが減る

　配達の動作をルーティン化すると、次に何をするか考える前に自然に体が動くようになります。動きがすばやくなるだけでなく、余計なことに頭を使わなくて済むため疲れにくくなります。ルーティン化するためには、今まで何気なく行っていた動作を細分化して、1つずつ見直していく必要があります。最終的には頭の中に映像がイメージできるほど細かく決めることができれば、自然と動きもスムーズになるでしょう。

◉配達の動作を細分化していくイメージ図

▲ ルーティン化は動作を細分化することから始める。

仕事をルーティン化する3つのステップ

配達動作のある一部分の動作を具体例として、ルーティン化する手順について解説します。

● ステップ1. 動きを細分化する

ルーティン化するためには、初めに動きを分解していきます。たとえば、レストランで料理を受け取ってから目的地への移動を開始するまでの動作を分解すると以下のようになります。

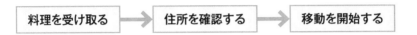

第一段階としてはOKですが、まだ粒度が大きすぎてルーティン化できません。実際にはこうした動作の間に「スマートフォンを操作する」「料理をバッグにしまう」などがあるはずです。次のステップ2でさらに細分化します。

● ステップ2. 動きをさらに細分化する

ルーティン化するためには、言葉を聞いただけで映像が目に浮かぶくらい具体的に動きをイメージします。ステップ1の例では以下のようになります。

この粒度まで細分化できれば、「スマートフォンを左手から右手に持ち替える」「車のキーを探す」といった無駄な動作が入る余地がなくなります。

● ステップ3. 実際に動きを試してみる

ステップ2でイメージした動作を実際に試して不都合や無駄がないかを確認します。この段階までいくと、無駄がないスムーズな動きができていることを実感できるはずです。

第6章　報酬アップに役立つ上級テクニックを身に付けよう

Section 54 最適な待機場所を 見つけよう

🔑 キャンペーン

🔑 時間帯

いくら早く配達ができるようになっても、待機時間ばかりでは収入アップになりません。待機時間を減らすために、最適な待機場所を見つける工夫が必要です。

¥ 待機場所を工夫して待機時間を減らす

適切な待機場所を選ぶスキルは、配達パートナーにとって重要です。なぜなら、いくら効率的に配達する能力があっても、肝心の配達リクエストがなければ売り上げはゼロだからです。待機場所を工夫して選ぶことで、配達リクエストが多く受けられるようになり、待機時間を減らすことができます。待機時間を1分減らすことは、配達時間を1分削るのと同じ効果があると考えて取り組みましょう。

待機場所を選ぶときの基本は人気のレストランの近く

待機場所は、人気のレストランが集中しているエリアを選ぶのが基本です。しかし、ライバルの配達パートナーも同じことを考えています。ライバルに差を付けるためには、ほかの人が持っていない情報を収集する、注文者の気持ちになって場所を変えてみるといった工夫が必要になります。具体的な例については、右ページで紹介します。

稼働する時間帯を固定する

待機場所を決めるためには、エリア内のレストランの情報収集などのほか、実際に稼働した際の「フィードバック」も重要です。そのために、まずは稼働する時間帯を固定するのが得策です。

どの時間にどこのレストランで注文があったのかという情報は定量化することが難しいため、自分で稼働して感じるほかありません。稼働する時間帯がバラバラだと待機場所による違いがわかりづらくなりますが、時間帯を固定すれば、場所による違いが感じ取れます。

第**6**章 報酬アップに役立つ上級テクニックを身に付けよう

待機場所を選ぶときの考え方について紹介します。自分なりの工夫をしてライバルに差を付けましょう。

キャンペーン中のレストランの近くで待機する

注文アプリや公式のSNSを見れば、そのときに開催中のキャンペーン情報を確認することができます。たとえば、あるレストランを対象とした送料無料キャンペーンがあれば、そのレストランでの注文数が増えることが予想されます。家を出る前にチェックしておきましょう。

時間帯別に需要を予測して待機場所を変える

時間ごとにレストランの注文数の変化を予測して、待機場所を変えましょう。たとえば、9〜11時はスターバックスなどのカフェ系エリア、11〜13時は短時間に集中して注文が入るオフィス系エリア、13時以降はインセンティブが付きやすい駅周辺といった具合です。そこに住んでいる人たちが何を注文したいと考えているのかを想像するのがポイントです。

加盟店の営業時間を考慮する

待機場所を選ぶときは、加盟レストランの営業時間も考慮しましょう。たとえば、早朝とお昼では営業しているレストランの数や種類にかなりの違いがあります。とくに朝8時からの早朝帯や、深夜22時以降に稼働する場合、営業中のレストランは限られます。下図のように、加盟レストランのマップを利用することで、時間帯ごとに営業中のレストランを調べることができます。

Uber Eats加盟店マップ

 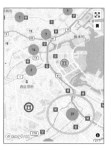

◀ Uber Eats加盟店マップ。早朝に営業している加盟レストラン数（左）と深夜に営業している加盟レストラン数（右）を表している。営業中のレストランの数を見れば、赤枠エリアで待機するのがよいことがわかる。

第6章 報酬アップに役立つ上級テクニックを身に付けよう

Section 55 オフピークはリクエスト の幅を広げよう

オフピーク

待機時間の削減

オフピークにリクエストを選びすぎると、待機時間が増えて逆効果になります。待機時間が長くなりそうなときは、リクエストを幅広く受けるようにしましょう。

¥ オフピークは待機時間を減らすことを優先する

　売り上げアップのためには、受けるリクエストの幅を広げることも、ときには必要です。待機時間がほとんどないピークタイムであれば、より条件のよいリクエストを選ぶことで、配達を効率化して売り上げを増やすことができます。一方、オフピークに同じことをすると、次のリクエストが来ないために待機時間が長くなってしまい、結果として売り上げが減ってしまうことになります。このように、「配達を効率化する対策」と「待機時間を減らす対策」はトレードオフの関係になっていることが多くあります。

ピークとオフピークでは戦略の切り替えが必要

　ピークタイムのみ稼働する配達パートナーと違って、専業で長い時間稼働する人は、必ずオフピークで稼働する時間があります。オフピークに売り上げを落とさないためには、ピークタイムとオフピークで下図のように戦略を柔軟に切り替える必要があります。オフピークには、効率よりも待機時間の削減を優先する戦略が重要になってきます。

● 状況によって戦略を切り替える

ピークタイム　➡　効率的な配達を優先

オフピーク　➡　待機時間の削減を優先

▲ 待機時間を1分減らすことは、配達の時間を1分短縮するのと同じ効果がある。

ライバルがやりたがらないことを探す

配達リクエストを多く受けるための秘訣は、ライバルがやりたがらないことをすることです。ライバルが避けているリクエストを攻略することができれば、それが自分にとっておいしいリクエストに変わることもあります。

現金払いを受ける

現金払いを受けることで、効果的にリクエストを増やすことができます。現金のやり取りが発生するため配達にかかる時間と手間は増えますが、リクエストが増える効果のほうが大きくなります。1件あたりの配達の時間が1分余計にかかっても、待機時間を10分減らせれば、トータルで9分も節約できます。

敬遠されるレストランのリクエストを受ける

Uber Eatsの加盟店の中には、配達パートナーから敬遠されるレストランがあります。その理由はさまざまですが、たとえば以下のようなものがあります。

・受け取りに時間がかかる（駅ビル・地下など）
・受け取りに行くといつも待たされる
・駐車できる場所が近くにない
・崩れやすい料理／漏れやすい容器である

このような拒否されやすいレストランを攻略することは、リクエストを増やすカギとなります。たとえば、近くに駐車場がないレストランであれば、待機時間を利用して周辺で駐車できそうな場所を探してみることで問題を解消できるかもしれません。自分の努力や工夫で問題を解決できれば、ライバルが嫌がるリクエストを積極的に受けられるようになります。

◎ライバルが嫌がるリクエストを受ける

▲ 配達パートナーから敬遠されるレストランを攻略すれば稼げるようになる。

1日の目標金額を
設定するのをやめよう

🔑 金額目標

🔑 時間目標

売り上げ目標を持つことは仕事のモチベーションアップになりますが、実は効率面では逆効果です。本書では金額ではなく時間を目標とする方法を紹介します。

¥ 配達の件数や金額を目標にするデメリット

配達の売り上げは、1件ごとに支払い金額が決まる歩合制になっています。そのため、配達の件数や金額を1日の目標として決めている人が多くいます。目標を設定して稼働することは、励みになったり自分のスキルアップの尺度になったりする反面、デメリットもあります。

● 件数や金額を目標にするデメリット

たとえば、1日あたり5,000円稼ぐことを目標に配達するとします。早めに目標金額に達して帰れる日もあれば、予定よりも時間がかかって帰宅が遅くなる日もあるでしょう。目標があると頑張れそうに見えますが、実は以下のようなデメリットがあります。

デメリット1：リクエストが少ない日に長時間の稼働になる
デメリット2：リクエストが多く稼げる日に短時間の稼働になる

● 稼げるときに稼ぐことを意識する

効率よく稼ぐのであれば、上に挙げたデメリットとは反対の行動——つまり、リクエストが多い日に長く稼働し、リクエストが少ない日は早めに切り上げるのが合理的です。

釣りをイメージするとわかりやすいでしょう。魚がいない日（＝リクエストが少ないとき）に長時間粘ってもよいことはありません。魚をたくさん釣ることを目指すなら、釣れる日（＝リクエストが多いとき）にこそ集中して釣るほうがよいことがわかるでしょう。

¥ 稼働時間を目標にして週単位で計画する

　金額を目標にする場合と時間を目標にする場合の違いについて下の図で説明します。前提として、1日目は時給1,000円ペース、2日目は時給2,000円ペースで稼げるものとします。

　1日10,000円を目標にした場合は、合計15時間の稼働で20,000円の売り上げです。一方、1日7.5時間を目標にした場合は、合計15時間で22,500円の売り上げになります。違いは歴然です。

　「金額を目標にする」ことは、実は多くの配達パートナーがやっていますが、効率が悪いことは下図の計算を見ても明らかです。それよりも、1日の稼働時間を決めたほうが効率的です。さらに効率を追求するならば、調子がよい日は予定よりも時間を延長する、調子が悪い日は早めに切り上げるという方針のほうが売り上げアップが見込めます。

◉1日10,000円を目標にした場合の例（金額目標）

◉1日7.5時間を目標にした場合の例（時間目標）

待機時間を
有効に使おう

🔑 スキルアップ

🔑 収入アップ

リクエストを待っているときの待機時間は自由に使うことができます。待機時間を有効に使って、スキルアップや収入アップにつなげましょう。

¥ 待機時間を有効に活用する

　この章では、待機時間を減らすことの大切さや具体的な対策について説明してきました。しかし、どれだけ対策をしても待機時間をゼロにすることはできません。待機時間をゼロにできないならば、発想を変えて有効に活用することを考えましょう。配達のスキルアップや収入アップにつなげることができます。

　待機時間を休憩に充てるのは有効ですが、ほかにも活用方法はたくさんあります。下図に挙げた例のように、SNSで配達に役立つ情報をチェックする（情報収集）、効率化のために実行した戦略を振り返る（フィードバック）、よく使うルートを見直してみる、マンションの入館情報などのノウハウをメモする、ほかのギグワークと組み合わせて追加収入を得るなどがあります。

◉待機時間の活用例

待機時間の有効活用の方法の中で、「フードデリバリーとほかのギグワークを組み合わせて収入アップする方法」について例を挙げて紹介します。

新しいギグワーク「スポットワーク」とは？

みなさんは、「チャージスポット」というモバイルバッテリーのシェアリングサービスをご存じでしょうか。これは、スマートフォンの充電などに使えるバッテリーを「どこでも借りられて、どこでも返せる」という便利なサービスで、コンビニ・カフェ・駅の構内などにスポットがあります。このサービスには、「バッテリーの数がスポット間で偏ってしまう」という問題がありますが、その偏りを解消するのが「スポットワーク」です。

スポットワークの仕事は、バッテリーが余っているスポットでバッテリーを回収し、不足しているスポットに持っていくだけで、その報酬は個数に応じた出来高制になっています。

スポットワークのバッテリー

▶ スポットワークは、小さなモバイルバッテリーを回収して運ぶだけのスキマワーク。
（URL：https://spotwork.net/）

ギグワークを組み合わせるなら相性が重要

スポットワークは、フードデリバリーとの相性が抜群です。その最大の理由は、「バッテリーを回収・補充するタイミングが完全に自由」という点です。フードデリバリーと組み合わせれば、リクエストがない待機時間にバッテリーをまとめて回収し、リクエストが来たら料理を配達して、次の待機時間にバッテリーをまとめて補充しにいくといったことが可能です。

スポットワークは一例です。新たなサービスが生まれれば、このような新しいギグワークも今後どんどん出てくるでしょう。情報のアンテナを張って、フードデリバリーと組み合わせられるものを探してみてはいかがでしょうか。

Section

58

省エネ配達で
長く続けよう

がむしゃらに頑張って稼ぐことができても、継続できなければ
意味がありません。省エネで働くことを覚えて、長い目で見た
「稼げる配達パートナー」を目指しましょう。

- 効率的な配達
- 負担の少ない配達

¥ 省エネ配達が必要な理由

　フードデリバリーの仕事は、頑張ればそれだけ収入が増えるためやりがいがありますが、その反面、つい無理をしすぎてしまうことがあります。そうした働き方は、1週間や1か月続けることはできても、数か月という長い期間で見ると続けるのは困難です。1日に2万円以上コンスタントに稼いでいた配達パートナーが、1年後にはいなくなってしまうこともよくあります。

　副業として適度な金額を効率よく稼ぎたい、運動を兼ねてお小遣い稼ぎがしたいのであれば、効率的で体に負担の少ない配達をすることを目指しましょう。

◻ 長く続けるなら省エネ配達を心がける

　効率化を始めとした取り組みの多くは、結果的に省エネで配達することになり、仕事を無理せず長く続けることにもつながります。たとえば、「仕事をルーティン化する」「1日の目標金額を設定するのをやめる」などの取り組みは、まさに省エネ配達に直結するものといえます。

⦿ 省エネ配達のアイデアの例

坂道を避ける

車両を替える

近所で配達する

▲ 省エネ配達への取り組みは、配達を長く続けることにもつながる。

　省エネ配達のアイデアの一部を紹介します。ほかにも省エネできそうなことがあれば、どんどん試してみましょう。

■ 坂道を避けて平坦なルートを選ぶ

　自転車で配達する場合は、ルートを選ぶときの基準として「楽に走行できるか」という視点を加えるとよいでしょう。「距離は短いけど高低差があるルート」と「距離は少し長いけど平坦なルート」があった場合、後者のほうが体力的に楽に走行できます。平面のマップでルートを選んでいると、ついつい最短距離のルートを選んでしまいがちです。Google Mapには高低差を表示する機能があるので、ルート検索をして確認してみるとよいでしょう。

　また、省エネで早く配達するためには、最大スピードを上げることではなく、平均スピードを維持することも重要です。これは自転車でもバイクでも同じことがいえます。スピードを落とさずに走行できるルート選びをしましょう。電動アシスト自転車の場合は、時速24kmを超えるとアシストする力がゼロになるため、時速20kmくらいで漕ぐと体力を温存できます。

■ 車両を替える・バイク登録に変える

　自転車には、クロスバイク・ロードバイク・電動アシストなどいろいろな種類があります。平らなエリアならクロスバイク・ロードバイク、坂が多いエリアなら電動アシストがおすすめです。また、自転車よりもバイクのほうが体力面での負担は少なくなります。専業なら1日に100km走行することもあり得るので、配達に慣れたころに自転車からバイクに変更してみてもよいかもしれません。

■ 自宅の近くの駅で稼働する

　お気に入りの待機場所まで自宅から30分かけて移動している——ということはないでしょうか。片道30分なら往復で1時間です。そのようなときは、待機場所としての魅力は少し劣るとしても、自宅の最寄り駅で稼働する手もあります。待機場所までの移動時間を含めて考えれば、自宅から離れたところに行くよりも、最寄り駅の近くで稼働するほうが、思いのほか楽に売り上げアップができるかもしれません。

Section 59
PDCAサイクルで改善しよう

🔑 定量的な目標
🔑 実行可能な計画

売り上げアップの対策を実行しても、結果が確認できなければ、よかったのかどうかわかりません。PDCAサイクルを活用して戦略をブラッシュアップしていきましょう。

¥ PDCAサイクルとは

PDCAサイクルは、物事の改善に取り組む手法のことです。Plan（計画）→Do（実行）→Check（評価）→Action（改善）の4つの活動をくり返すことで、その取り組みを徐々によいものにブラッシュアップすることができます。

これまで解説してきた売り上げアップのための取り組みの多くは、どのエリア、どの時間帯でも常に有効であるとは限りません。配達パートナー一人一人が実践の場で試してみると、効果はそれぞれ違ってくるはずです。だからこそ、PDCAサイクルを活用して、自分が配達する環境に適したやり方を模索していく必要があるのです。

⦿PDCAサイクルの循環

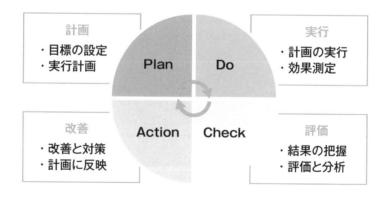

▲ PDCAにおける4つの行動をくり返すことで、徐々にブラッシュアップしていく。

PDCAサイクルを実践で使ってみる

　PDCAサイクルを活用するといっても、何から始めればよいのでしょうか？
ここでは実践例を挙げて、PDCAサイクルの使い方を説明します。

● Plan（計画）

　計画段階では目標を設定します。目標は何でも構いませんが、数値として確
認できる定量的なものがよいでしょう。目標を決めたら、それを実現するため
に必要と考えられる「実行可能」な行動計画を立てます。以下は例です。

```
目標　　　：・1時間あたり3件の配達を目指す
行動計画：・待機時間を減らすために現金払いに対応する
　　　　　　・昼のピークタイムは注文需要が多いオフィスエリアで稼働する
```

　行動計画は、「待機時間を減らす」といったようなあいまいなものでは意味
がありません。「待機時間を減らすために現金払いに対応する」などのように、
誰が見ても同じように実行できる具体的なものにしましょう。

● Do（実行）

　行動計画に沿って実行します。行動計画以外の条件（たとえば稼働エリアや
時間帯など）はなるべくいつもと同じにすると、あとで効果を評価しやすくな
ります。

● Check（評価）

　目標と実績を比較・分析して行動の結果を評価します。上の例であれば、時
間あたりの配達件数が評価の対象になります。ただし、配達件数に影響を与え
る要素はたくさんあるので、1日ではなく、一定の期間で評価するほうがよい
でしょう。「Uber Fleet」のようなアプリを活用すれば、定量的にデータを比
較することができます（Sec.65参照）。

● Action（改善）

　行動の結果を定量的に評価し、よい点・悪い点を整理します。さらに課題や
問題点があれば改善策を考え、Plan（計画）に戻って目標と行動計画を練り
直します。

報酬アップに役立つ上級テクニックを身に付けよう

配達パートナー必見!スラング集

配達パートナーの間では、一般の人にはわからないスラング（俗語）が頻繁に使われています。配達パートナーどうしで言葉を交わすときはもちろん、Twitterでもスラングが飛び交っています。情報をリアルタイムにキャッチするためには、スラングについて知っておいても損はないでしょう。ここでは、数多いスラングの中でもとくにユニークなものを紹介します。

用語	説明
地蔵・マック地蔵	特定のレストランの前などに待機し、地蔵のように動かない配達パートナーのことを指します。とくに短距離のリクエストが多いマクドナルドを狙う人を「マック地蔵」と呼んでいます。一時期レストランの前で待機する配達パートナーが大量発生し、マナーの悪さが目立つこともありました
数珠（じゅず）・数珠る	予約配達リクエストが続き、切れ目なく配達できる状態を指します。まるで数珠の玉のように配達リクエストが連なる様子を表わしています。配達パートナーにとってはうれしい言葉です
赤チャリ・赤チャリ配達員	街中でよく見かける赤い電動アシスト自転車（ドコモ・バイクシェア）のことを赤チャリ、それに乗って配達する人を赤チャリ配達員と呼びます。ドコモ・バイクシェアには、以前 Uber Eats の配達パートナー向けの特別プランが用意されていましたが、2020 年 12 月をもって終了しました
雨インセ・雨クエ	雨のときだけ発生するクエストのことを指します。通常の「日またぎクエスト」とは違って、昼や夜のピーク時間帯に数時間だけ有効になります。天候が荒れて配達パートナーの不足が予想されるときにごく稀に事前に通知されるもので、急に雨が降ってきたからといって出るものではありません
熟成案件	料理が注文されてから配達までに時間がかかってしまったリクエストのことです。配達パートナーが不足しているときに、とくに配達パートナーから敬遠されているレストランの注文で熟成案件が多くなります。配達パートナーに非がなくても、注文者から低評価をもらう可能性が高いため、できれば遭遇したくない案件といえます

第 7 章

必見!あると便利アイテム&
アプリを試してみよう

Section **60** バッテリー問題を解決するアイテム

🔎 モバイルバッテリー

🔎 大容量バッテリー

スマートフォンが商売道具の配達パートナーにとって、バッテリー切れは致命的です。2つの解決方法のうち自分に合った方法を選びましょう。

¥ スマートフォンのバッテリーは配達パートナーの生命線

配達リクエストを受けるためには専用のスマホアプリが必要ですが、バッテリーの消耗がとても激しく、ほとんどの機種では数時間しか持ちません。配達の途中でバッテリーが切れると配達を続けることができないため、バッテリー残量の維持は配達パートナーの共通の課題です。そのような悩ましいバッテリー問題に対して、2つの解決方法を紹介します。

・モバイルバッテリーで充電しながら配達する
・大容量バッテリーを搭載したスマートフォンを使う

ほとんどの配達パートナーは手軽で初期費用が安い前者で対応していますが、後者にもメリットがたくさんあるので、選択肢として検討してみる価値は十分にあります。

📱 配達アプリのバッテリー消耗の目安を知る

スマートフォンのバッテリーの容量は「mAh」という単位で表されます。機種(CPUやメモリ)やバッテリーの劣化具合などの諸条件によって変わりますが、筆者の実測によれば、Uber Eatsの配達アプリは1時間で約500mAhのバッテリーを消費します。したがって、500mAh×時間を計算すれば、無充電で連続稼働するために必要なバッテリーの目安がわかります。

◎ 必要なバッテリー容量の計算例(10時間の連続稼働)

(計算式)500mAh×10時間=5,000mAh

バッテリー問題を解決する方法

スマートフォンのバッテリー問題を解決する方法を見ていきましょう。

■ モバイルバッテリーを使う

モバイルバッテリーを使うメリットは、現在使っているスマートフォンをそのまま配達に利用できることです。購入するモバイルバッテリーの容量は、左ページの計算例を参考にしてください。

モバイルバッテリーにはデメリットもあります。充電ケーブルを差した状態でスマートフォンを扱うので、配達中にケーブルが邪魔になったり抜けたりします。また、ケーブルの抜き差しが多くなるため、配達時の手間が増えるだけでなく、ケーブルや本体のコネクタ部分が損傷することもあります。

■ 大容量バッテリーのスマートフォンを使う

バッテリー容量が大きいスマートフォンを使うメリットは、上に挙げたようなモバイルバッテリーのデメリットをすべて解消できることです。充電に関する余計な手間や時間、ストレスがすべてなくなります。充電ケーブルの扱いやバッテリー残量を気にする必要もありません。

この方法にもデメリットはあります。Androidスマートフォンには2万円台から購入できる大容量バッテリーの機種が豊富にありますが、iPhoneには選択肢がほとんどありません。そのため、Androidユーザーにとっては単なる機種変更で済みますが、iPhoneユーザーにとってはAndroid機種に乗り換えるというハードルがあります。ただし、Androidへの乗り換えにはコストメリットがあるので検討する価値があります。配達中にうっかりスマートフォンを落として破損することはよくあるので、そうしたことを考慮すれば、AndroidはiPhoneよりも配達に向いているといえます。

◉ それぞれのメリット・デメリット

	メリット	デメリット
モバイル バッテリー	・安価で調達できる ・今のスマートフォンを使える	・バッテリーが邪魔になる ・充電ケーブルが破損する
大容量バッテリー 搭載スマホ	・充電の煩わしさがない ・配達の時間と手間が減る	・機種変更の手間がかかる ・iPhoneには高価な機種しかない

配達の効率化に役立つ
アイテム

便利なアイテム

先行投資

配達に役立つアイテムを使うことで、初心者でも時間をかけずにスキルアップすることができます。アイテムをそろえて売り上げをアップしましょう。

第
7
章

必見!あると便利アイテム&アプリを試してみよう

¥ 便利なアイテムこそ初心者が使うべき

　配達していると、手間や不便に感じることがたくさんありますが、アイテムを使うことで、そうした問題を解消して配達を格段に効率化することができます。ここでは、そんな配達に役立つ便利なアイテムを紹介します。

配達の初心者ほど便利なアイテムに頼るべき

　本書では、配達パートナーとしてレベルアップするためには、さまざまな工夫が必要であることを説明してきました。しかし、配達に役立つアイテムを使えば、そうした努力と時間をかけなくても、誰にでもすぐにスキルアップができてしまいます。

　あまり稼げないうちは「アイテムにお金を使いたくない」と考える人もいるかもしれませんが、配達の手間を省くようなアイテムを買いそろえることは、その後の配達を効率化して何倍ものリターンを得る先行投資となります。そのため、むしろ初心者のほうが以下のようなアイテムをどんどん取り入れて、少しでも効率的な配達をしたほうがよいのです。

・スマホホルダー（スタンドタイプ、腕装着タイプ、ストラップタイプ）
・便利な小物類（コンパス、ペンライト）
・収納系アイテム（作業用ベスト、ネックストラップ、肩掛けカバン）

　上の例は、数あるアイテムのうちのほんの一部に過ぎません。配達していて不便だと感じることがあれば、それはすべて工夫するチャンスです。常にアンテナを張っていれば、自分だけの配達アイテムが見つかるかもしれません。

¥ スマホホルダーはレベルによって使い分ける

　スマホホルダーは配達パートナーにとって定番のアイテムです。ほとんどの人は車両のハンドルに固定するスタンドタイプを使っていますが、ほかにも選択肢があります。配達パートナーのレベルに合わせて使い分けるとよいでしょう。

■ スタンドタイプ

　オーソドックスで使いやすいのがこのスタンドタイプです。自転車のハンドル部分にスマホホルダーを固定し、そこにスマートフォンを装着して使います。料理の受け取りや受け渡しのときにスマートフォンの着脱が必要になるため多少の手間はかかりますが、スマホホルダーの進化はめざましく、現在は片手1秒で着脱できるものが1,000円台で入手できるようになりました。雨が降った場合は、防水対策が別途必要です。

■ 腕に装着するタイプ

　腕に装着するタイプのホルダーもあります。スマートフォンを自転車に装着しないので、料理の受け渡しで車両から離れるときにスマートフォンを着脱する手間がかからず効率的です。ただし、自転車のハンドルを握ったままだと画面が見えないというデメリットもあります。配達の移動中にマップをほとんど見る必要がない熟練した配達パートナーに向いています。

■ ストラップタイプ

　首にかけるストラップタイプのホルダーもあります。腕に装着するタイプとメリット・デメリットは似ていますが、画面を見るのがより難しく上級者向けです。防水仕様のストラップなら、雨のときでも晴れの日と同じように使えるので便利です。ストラップに小物類をぶら下げてアイテムを集約することもできます。

第7章　必見！あると便利アイテム＆アプリを試してみよう

145

💴 便利なアイテムや小物はアイデア次第

　ここでは、筆者が実際に配達していて困ったときに思い付いた、問題を解決できるアイテムを紹介していきます。同じように考えれば、配達を効率化するアイテムはまだほかにもあるかもしれません。自分なりの配達アイテムを探してみましょう。

■ コンパス（方位磁針）

　住宅街の細い道を進み、配達を完了して自転車に戻ってみると、自分が向いている方角がわからなくなることがあります。たとえば、「西に行きたいけどどっちが西かわからない」という状態です。目印になる建物がなかったり、夜の暗い住宅地だとなおさら迷います。もし、帰りたい方向とは反対に走り出してしまうと、大きな時間のロスになります。そのようなときに役立つのが「コンパス」です。こみ入った道を覚えるのが苦手でも、コンパスを使えば正しい方向に動き出すことができます。

■ ペンライト

　夜の配達に役立つのが「ペンライト」です。電灯が少ない住宅地などでは、アパートの名前のプレートや戸建ての表札が暗くて見えないことも少なくありません。また、注文者が配達メモに「ベージュ色の壁です」といった配達のためのヒントを書いてくれていることがありますが、夜は暗すぎて色や目印を判別できないこともあります。そのようなときは、ペンライトがあると便利です。スマートフォンの懐中電灯アプリで代用できることもありますが、真っ暗なところで使うと明るさが足りないこともあるので、明るめのペンライトを使ったほうが効果的です。

　ここまで紹介してきたアイテムは、使いたいときにすぐに使えなければ効果を発揮できません。便利なアイテムをより使いやすくするための収納系アイテムを紹介します。

■ 作業用ベスト

　小物類の収納や取り出しには作業用のベストが最適です。ワークマンなどの作業服専門店でかんたんに手に入ります。料理の受け取りや受け渡しのときに、スマートフォンや車両の鍵などをスッと入れることができ、取り出しもスムーズです。

■ ネックストラップ

　ネックストラップは、スマホホルダーとして使う以外に、小物類をぶら下げる使い方ができます。左ページで紹介したコンパスやペンライトなどの小物をまとめたり、ペンを引っかけておくこともできます。ネックストラップに下げておけば、使うときにポケットを探す必要がありません。

■ 肩掛けカバン

　小物入れとしてウェストポーチを利用している人が多いですが、代替品として肩掛けカバンも使えます。現金払いで必要になるコインケースは、ウェストポーチに入れるのは難しいですが、小さめの肩掛けカバンならちょうどよく収まります。付箋やペンなどの小物類もまとめて収納でき、ウェストポーチよりも収納と取り出しがスムーズです。

Section
62
ルート選びに役立つ
アプリ

🔑 ルート検索アプリ

🔑 ルートの比較と改善

配達ルートの最適化には、スマホアプリが役に立ちます。複数のアプリで検索したルートを比較し、実際に走行することで、さらに改善することができます。

第7章

必見！あると便利アイテム＆アプリを試してみよう

¥ ルート選びはアプリに頼っても構わない

　配達のルートを最適化するためには、アプリを使ってルートを調べるのが効率的な方法です。ルート検索ができるアプリにはいろいろありますが、ここでは配達パートナーがもっともよく使う2つのアプリについて紹介します。

◎ ルーティングアプリの定番は「Google Map」

　ルート検索の定番といえばGoogle Mapです。Google Mapのルート検索機能では、自動車や徒歩はもちろん、自転車用のルートを検索することができます。自転車用のルートは以前に比べると精度が上がってきてはいるものの、自転車が通れない階段がルートになっていたり、最適とはいえないルートが表示されたりすることもあります。

◎ 自転車なら「自転車NAVITIME（ナビタイム）」がおすすめ

　自転車でフードデリバリーをするなら、「自転車NAVITIME」を使ってみることをおすすめします。自転車NAVITIMEは自転車に特化した有料アプリで、ルート検索のほか、ナビゲーションや走行ログなどの機能を備えています。課金しなくても自転車用のルート検索機能の一部を使うことができます。

●自転車NAVITIMEの
　ダウンロード（iOS版）

●自転車NAVITIMEの
　ダウンロード
　（Android版）

　配達のルートを最適化するためには、ルートの候補が複数あったほうが新しい発見につながります。1つのアプリにこだわらず、下図のようにGoogle Mapと自転車NAVITIMEを両方使って比較してみるとよいでしょう。

◻ Google Mapと自転車NAVITIMEのルートを比較

　Google Mapと自転車NAVITIMEに、レストランと配達先を入力してルート検索をしてみます。下図の例は、画面の上方の横浜駅を出発点、画面の下方のマンションを目的地としたルートです。

◉Google Map

◉自転車NAVITIME

　Google Mapと自転車NAVITIMEでは、まったく違ったルートが表示されています。Google Mapのルートは途中で2段階右折が必要で、実際に走行するとわかりますが、起伏が大きくなっています。自転車NAVITIMEのルートは、左折が1回あるだけなので信号の待ち時間が短く、起伏も小さいです。今回の例では、自転車NAVITIMEのほうがよいルートを提示してくれました。

実際に走行してさらにルートを改良する

アプリで提示されたルートを実際に走行してみると、改善点が見えることがあります。上図の自転車NAVITIMEのルートは、出発したあとの直線道路には信号がいくつもありますが、裏道を通れば信号がないルートを走行できます。アプリを活用しつつ、実際に走行してルートをブラッシュアップすることも大切です。

Section

63

住所不備トラブルに役立つアプリ

🔑 Yahoo!MAP

🔑 ドコモ地図ナビ

住所不備によるトラブルの大半は、いろいろな地図アプリを利用することで解決できます。地図アプリの特徴を理解して、トラブルの状況に応じた使い分けをしましょう。

¥ 住所不備のトラブルは地図アプリで解決する

　フードデリバリーに限らないことですが、早く確実に荷物を届けるためには、建物名・狭い生活道路・各建物の番地・戸建ての居住者の名前といった情報が不可欠です。しかし残念なことに、Uber Eatsの配達アプリにはそれらの情報が不足しているため、住所不備やマップ上の目的地を示すピンがずれるトラブル（ピンずれ）が頻繁に起こります。このようなトラブルに対処するために、注文者にメッセージや電話でコミュニケーションを取って解決することも大切ですが、その前に配達パートナーとしてできることがあります。

🔘 トラブル解決のカギは精度の高い地図アプリを利用すること

　配達アプリに表示された情報が不完全であっても、精度の高い地図アプリを使えば、正しい届け先を調べることが可能です。たとえば、注文者のアパートが見えるのに、そこに行くための道が見つからないというとき、配達アプリよりも細かい道路がわかる地図アプリを使えば、建物に通じる道路を確認して難なくたどり着くことができます。代表的な地図アプリであるGoogle Map、Yahoo!MAP、ドコモ地図ナビの特徴を理解して、トラブルの状況に応じた使い分けができるようになりましょう。

●Yahoo!MAPの
　ダウンロード（iOS版）

●Yahoo!MAPの
　ダウンロード
　（Android版）

精度が高くて使いやすい「Yahoo!MAP」が便利

　ここでは、Google Map、Yahoo!MAP、ドコモ地図ナビで同じエリアを表示してみます。それぞれを見比べて特徴を理解しましょう。

◉地図アプリの比較

Google Map	Yahoo!MAP	ドコモ地図ナビ

▲ 配達中に現地でトラブルが起きたときは、情報量が多いアプリのほうが問題を解決できることが多い。ほとんどの場合はYahoo!MAPがあれば建物を特定できるが、戸建てのピンずれなどが発生した場合は、ドコモ地図ナビが役立つ。

　Google Mapの地図の精度はUber Eatsのアプリと同等で、マップ上で建物名が確認できないことがあります。アパート名で検索してもデータベースでヒットしないことも多いので、住所不備のトラブル解決には不向きです。

　Yahoo!MAPは、ゼンリン社の地図データをもとにしているため、Google Mapでは確認できないアパートの建物名もほぼすべて表示されます。住所の番地も建物ごとに確認することができます。地図の精度が高いうえに無料で使えるため、住所不備のトラブルを解決するときに大活躍します。

　ドコモ地図ナビもゼンリン社の地図データをもとにしているため、Yahoo!MAPとほぼ同じ情報が得られます。大きな違いとしては、有料アプリであることと、「戸建ての居住者の苗字」まで確認できることです。戸建ての住所不備やピンずれのときには、注文者の名前をマップで探すことで、問題を解決できることがあります。

地図アプリの使い分け

配達先が特定できないトラブルが発生した場合は、マンションやアパートの場合はYahoo!MAPで検索する、戸建ての場合はドコモ地図ナビを使うという使い分けをすると、トラブルを迅速に解決できます。

第7章

◇ 必見！あると便利アイテム&アプリを試してみよう

Section 64

配達エリアの攻略に役立つアプリ

 エリア攻略

 加盟店マップ

稼ぎやすいエリアを選ぶためには、加盟レストランの情報が役に立ちます。加盟店マップを使って、エリアや時間によるレストラン数の変化をチェックしましょう。

¥ エリア攻略のカギは加盟店の把握にあり

配達エリアを攻略するためには、注文需要を把握したうえで、メインで稼働するエリアや待機する場所を決める必要があります。エリアを選定する際に、勘を頼りに決めているようでは進歩はありません。アプリを活用してレストラン情報を収集することで、客観的で根拠にもとづいた作戦を立てることができ、さらにその結果をフィードバックして改善することができます。

フードデリバリーの注文はレストランに入るため、「レストランが多いエリア=注文需要が多いエリア」と考えることができます。したがって、稼働エリアや待機場所を決めるときは、加盟レストランが多いエリアを候補にしましょう。そうしたレストランの情報を収集する際に役立つのが「Uber Eats加盟店マップ」です。

Uber Eats加盟店マップは、Uber Eatsの加盟レストランをマップ上に表示するスマホアプリ・Webサイトです。スマホアプリはAndroid版のみリリースされていますが、iPhoneユーザーはWebサイトが利用できます。Uber Eatsのサービスが展開されている都市(東京、札幌、仙台など)ごとに地図上に加盟店の数が表示され、1店舗ずつ詳細な情報を確認することができます。

●Uber Eats加盟店マップ
　Webサイト(ブラウザ)

●Uber Eats加盟店マップ
　アプリ(UEMap)のダウ
　ンロード(Android版)

　加盟店マップには、エリア内にあるUber Eatsの加盟レストランの数や詳細な情報が表示されます。営業時間やレストラン名でフィルタリングする機能もあるため、工夫次第でさまざまな使い方ができます。

　ここでは、東京のあるエリアで、時間帯によって営業している加盟レストランの数がどのように変化するのかを見てみましょう。

◉営業レストランの数（14時台）

　マップの丸印（池袋駅・新宿駅・渋谷駅の周辺）にレストランが集中しています。日中に東京で稼働するなら、これらの駅周辺が稼働エリアの候補になります。

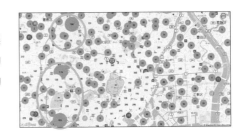

◉営業レストランの数（18時台）

　マップの丸印（新宿駅・渋谷駅の周辺）にレストランが集中しています。夕方以降に東京で稼働するなら、これらの駅周辺が稼働エリアの候補になります。

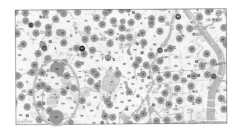

◉マクドナルドの数（9時台）

　早朝に注文数が多いマクドナルドの店舗数でフィルタリングしてみました。新宿周辺のほか、意外にもマップの丸印（有楽町周辺）に店舗が多くあるので、こうした穴場を狙ってみるのも有効です。

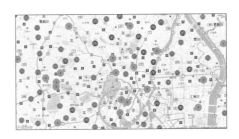

Section **65** データ分析に役立つ アプリ

🔑 統計データ

🔑 Uber Fleet

配達のスキルを上げるうえで欠かせないことは、配達後の振り返りです。統計データが参照できるアプリを使うことで、結果を客観的に評価できるようになります。

¥ アプリを使ってデータ分析する

　配達スキルを上げるために、配達パートナーは常にさまざまな工夫をしていますが、その結果をきちんと評価できている人は多くありません。「今日は長距離の配達が多かった気がする」「今日は効率よく配達できたかな」といった直感的な評価では、反省点も改善点もはっきりせず、次の配達に活かすことは難しいでしょう。

　PDCAサイクル（Sec.59参照）を回して効果的な改善活動をするためには、データの収集と分析が欠かせません。ここでは、定量的なデータの分析に役立つアプリ「Uber Fleet」について紹介します。

　Uber Fleetは、ウーバー・テクノロジーズ社が提供している配達管理アプリで、配達した結果のデータを統計的に確認できます。公式ツールのため、配達アプリからデータが自動的に収集されて、アプリをインストールするだけですぐに利用することができます。現時点ではAndroid版しかリリースされていませんが、iPhoneユーザーは配達パートナーの管理画面で同じデータを確認することができます。

◉Uber Fleet（Webブラウザ版）の統計データ画面

売上 ⓘ		乗車 ⓘ	
¥5,195 合計		**10** 合計	
¥519	1回のご乗車あたり	3.1	オンライン時間
¥1,676	オンライン時間1時間あたり	3.2	1時間あたりの乗車回数
¥461	1kmあたりの乗車料金	1.81 KM	1回の乗車あたりの距離

▲ 1日や1週間単位で表示でき、その期間の配達データの平均がわかる。

　Uber Fleetや配達パートナーの管理画面では、過去の配達に関する以下の情報を参照することができます。統計データを利用して、客観的に分析しましょう。

◉Uber Fleetで参照できる主な統計データ

1件あたりの 売り上げ	1件あたりの 配達距離	1時間あたりの 売り上げ	1時間あたりの 配達件数

◉活用例1. 季節や曜日による売り上げの変化を確認する

　「季節や曜日によって売り上げに違いがあるか」という観点で、過去のデータを確認してみましょう。木曜日の1時間あたりの売り上げが低いということがデータからわかれば、木曜日を休日にするという方針を立てることができます。

◉活用例2. 現金払い対応による配達件数の変化を確認する

　現金払いに対応することで、配達リクエストの待機時間が少なくなることが期待できます。現金払いに対応する前後で「1時間あたりの売り上げ」や「1時間あたりの配達件数」を比較して、現金払いに対応した効果を確認することができます。

◉活用例3. ショートドロップを狙ったときの配達距離の変化を確認する

　ショートドロップが多そうなレストランを狙って稼働してみて、1件あたりの配達距離がどのように変わったかを確認することができます。

●配達パートナー管理画面
　Webサイト（ブラウザ）

● Uber Fleet
　アプリのダウンロード
　（Android版）

情報収集に役立つ
アプリ

🔑 情報の選別

🔑 情報の活用

さまざまなアプリを使うことで、配達に役立つ情報を収集することができます。アプリごとの特性を理解して、稼働計画やスキルアップに役立てましょう。

¥ 情報収集ツールは用途に応じて使い分ける

　配達パートナーとして売り上げアップするためには、配達のスキルアップはもちろん、情報の収集と活用も大切です。SNSを利用すれば、情報を集めること自体は難しくありません。重要なのは、玉石混交の情報の中から正しい情報を選別するということです。

　情報収集ツールの代表的なものとしては、「Twitter」「注文アプリ」「メール」「ブログ」「YouTube」「（電子）書籍」などがあります。それぞれのツールには特徴があり、得られる情報にも違いがあります。「リアルタイムな情報かそうでないか」「客観的な情報か主観的な情報か」の2つを意識すると、それぞれの特徴が見えてきます。

　リアルタイムな情報は、その日の配達ですぐに役立つこともありますが、翌日には役立たなくなることもあり得ます。一般的にリアルタイム性のある情報ほど賞味期限が短くなります。情報の客観性や信頼性も重要な軸です。とくに情報の発信元（個人なのか信頼できる公式のものなのか）を意識しましょう。

⦿ツールごとのリアルタイム性と客観性

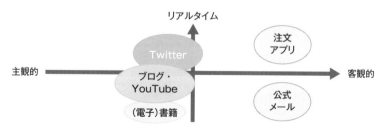

▲ Twitterやブログ、YouTubeで発信されている個人の情報は信頼性を判断する必要がある。

Twitterのリアルタイムな情報は配達に活かす

配達パートナーにとって、Twitterはもっとも重要な情報源です。リアルタイム性の高いローカルな情報が手に入るだけでなく、双方向でコミュニケーションできるのが特徴です。

同じエリアの配達パートナーをフォローする

まずは、自分が稼働するエリアの配達パートナーをフォローしましょう。「ウーバーイーツ　新宿」のように地名と併せて検索すると、すぐに仲間を見つけることができます。たとえば、「○○駅の西口は15 〜 17時でもリクエストが多い」や「○○タワーマンションの入館は防災センターで手続きが必要」というような、発信者が実際に体験した一次情報が手に入ります。情報の鮮度はよいものの、投稿内容は個人の主観的なものが多く、正しい情報かどうかの判断が必要です。

アンケート機能で広く意見を聞く

配達に関する疑問があるときは、アンケート機能が便利です。

Uber Eatsの配達には細かいマニュアルがないので、配達パートナーの裁量に任されている部分があります。そのため、「置き配のときにインターホンを押すべきか」と疑問に思うことがあるかもしれません。そうしたときはアンケート機能を利用して、ほかの配達パートナーの意見を集めてみましょう。

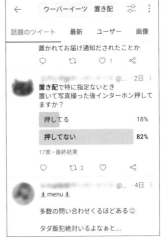

▶ ウーバーイーツの置き配についてアンケートをしている例。配達パートナーの意見をまとめて聞くことができる。

自分からも情報を発信する

配達パートナーは人の入れ替わりが多いため、周りには初心者がたくさんいます。あなたも配達を続けていれば、誰かの役に立つ情報や考えを発信できるようになります。情報は、発信している人のもとに集まりやすい性質があるので、自分から情報を発信することにも挑戦しましょう。

第7章　必見！あると便利アイテム&アプリを試してみよう

157

　配達パートナーの中には、配達のノウハウをブログ・YouTube・電子書籍などで惜しみなく発信している人がたくさんいます。そうした情報をうまく活用すれば、効率的にスキルアップすることができます。

◻ ブログやYouTubeはリッチなコンテンツが豊富にある

　ブログやYouTubeは、Twitterに比べると情報の鮮度は劣りますが、内容的にはリッチなコンテンツが豊富にあります。YouTube上には、文字や画像だけでは伝わりにくい配達の様子を、わかりやすく解説している動画がたくさんあります。配達のコツや役立つ情報を発信している配達パートナーのノウハウを参考にして、自分の配達にも取り入れていきましょう。

◻ 一から順番に知りたい人には書籍がおすすめ

　書籍は、ブログやYouTubeに比べて「網羅性」の面で優れています。何かピンポイントで調べたいことがあるときは、ブログやYouTubeを見るのが早いのですが、一から順序立てて知りたいことがあるときは、情報がまとまっている書籍が便利です。たとえば、「Uber Eatsの配達の始め方」について全体的に知りたいときには書籍が1冊あるとよいでしょう。

◻ 電子書籍はサブスクリプションを活用すればコストも抑えられる

　電子書籍は個人でも手軽に出版できる時代になっているので、自分で書籍を出版している配達パートナーもたくさんいます。そうしたコンテンツをまとめて読みたい場合は、月額読み放題サービス（サブスクリプション）に加入するのがおすすめです。

◉ メディアごとの特徴と使い分け

SNS　　　　　　　　動画・ブログ　　　　　　　（電子）書籍

リアルタイム性と　　　リッチなコンテンツで　　　網羅性に優れていて、
ローカル性に優れている　わかりやすい　　　　　　順序立てて学習できる

第7章　必見！あると便利アイテム&アプリを試してみよう

フードデリバリー各社は、メールやSNSを通じて、注文者や配達パートナーに向けたさまざまな情報を発信しています。こうした公式情報は、配達の作戦を立てるのにとても役立ちます。

配達パートナー向けの情報は、業務にかかわる重要な情報が含まれることが多いので必ず確認しましょう。メール・Webサイト・Twitterなどで情報発信されますが、その中でも公式メールは確実にチェックしましょう。料金体系の変更といった重要な内容が通知されることがあります。

注文者向けの情報は、その日の注文の動向を予測するのに役立ちます。Twitter・InstagramなどのSNSのほか、注文アプリでも収集することができます。例として、注文アプリから得られる情報について説明します。

注文アプリでの情報収集の例

注文アプリでは以下のような情報が手に入ります。こうした情報を利用して、その日の配達の立ち回りなどを決めることができます。

- ・キャンペーン情報
- ・エリアの人気レストラン
- ・エリアのサービス状況

たとえば、送料無料キャンペーンをやっているレストランがあれば、普段よりも注文数が増える可能性があります。また、注文アプリには「人気のレストラン」を順に表示する機能があります。意外なレストランが表示された場合は、隠れた人気店の可能性があるため要チェックです。

注文アプリはサービス状況のチェックにも使えます。配達パートナーが不足すると、注文できる距離が制限されたりサービスが停止したりすることがあります。そうなると配達リクエストがなくなりまったく稼げなくなるので、天候が悪いときなどは注文アプリは要チェックです。

⦿ **Uber Eatsの注文アプリの画面**

▲ 上は配達パートナーが不足して「距離制限」がかかっている状態。下はさらに配達パートナーが不足して「サービスが停止」している状態。

アプリの不具合は
Twitterで情報収集しよう

Uber Eatsを注文者として利用している人の中には、「どうして時間どおりに配達してくれないんだろう?」「配達員が家の周りをぐるぐる回っている」などと不満に感じたことがあるかもしれません。配達パートナーとして配達してみるとわかりますが、その原因が配達アプリの不具合(バグ)であることは少なくありません。しかも、修正されたはずのバグが次のアップデートで再発することも珍しくないのです。アプリの不具合にはいろいろありますが、以下はよく発生する不具合の例です。

- 住所不備「目的地に〒と表示されてピンがずれている」
- 注文者が登録したマンション名が配達アプリで表示されない
- 現金払いの受け付けをしていないのにリクエストが来てしまう
- すべての注文が「置き配」になってしまう

配達パートナーとして稼働する際は、こうした不具合に冷静に対応しなければなりません。AndroidとiOSでは、Androidのほうが不具合が多いという配達パートナーの意見をよく見かけるので、Androidスマホを配達に使う人は注意しましょう。

もし配達中に「アプリの不具合かな?」と思われるものが起きた場合、サポートに問い合わせるよりも、Twitterで情報収集するほうが早く事態を把握できます。アプリの不具合であれば、ほとんどの場合はすでに配達パートナーの間で類似の情報が共有されているはずです。普段から有用な情報を発信している配達パートナーのアカウントをフォローしておきましょう。自分が稼働する前に不具合を知ることができれば、配達中に発生しても焦らずに対処することができます。

▲ 目的地が「〒」となってピンが道路に立っている。注文者情報に番地やマンション名の記載があれば問題なく配達できる。

第 8 章

兼業でもっと稼ごう

Section 67

複数のサービスに登録しよう

- 同時オンライン
- 日替わりオンライン

複数のサービスに登録して稼働することにはさまざまなメリットがあります。それぞれのサービスを使い分ける「同時オンライン」と「日替わりオンライン」について理解しましょう。

複数のサービスに登録するメリット

日本には10を超えるフードデリバリーサービスが存在しています。配達パートナーを確保するため、各社とも魅力的な報酬や働きやすい環境を整備することに注力しています。このような競い合いの結果、複数のサービスに配達パートナーとして登録（かけもち）して、そのときにもっとも労働環境がよいフードデリバリーで稼働するということが可能になりました。

複数のサービスに登録することのメリットとしては、「突然のアカウント停止リスクに対応できる」「働く環境や条件を自分で選べる」「配達パートナーの利益を守れる」などがあります。ギグワークは誰でも自由に働けるメリットがある一方で、一方的にアカウントを停止されたり、ルールや料金体系が突然変更されたりするなど、報酬や労働環境がとても不安定です。配達パートナーがサービスをかけもちするようになると、各社は熟練の配達パートナーがほかのサービスに移行するのを防ぐために、魅力的な報酬や労働環境の整備に注力するようになります。常によい条件を追い求めて流動的に動くことは、配達パートナー自身の利益や労働環境を守ることにもつながるのです。

複数サービスを切り替えながら働く

▲ 1つのサービスだけでなく、複数のサービスに登録すれば、自分の都合に合わせて切り替えながら働くことができ、利益にもつなげられる。

同時オンラインのメリット・デメリット

2つ以上のサービスに登録すれば、配達アプリを同時にオンラインにすることができます。業務の流れは以下のようなイメージになります。

①A社／B社のアプリをオンラインにする
②先に通知が来たA社のリクエストを受ける
③B社のアプリをオフラインにする
④A社の配達をして①に戻る
※同時オンラインの可否は各社のサービス規約による

同時オンラインのメリットは、配達リクエストが増えて待機時間が減ることです。一方、Uber Eatsと出前館のように配達ルールが違うサービスでは、効率的な配達が難しかったり、件数が分散されてクエストのようなインセンティブが不利になるといったデメリットもあります。実際にやってみると、サービスを使い分ける余計な手間が増えて、かえって売り上げが減りかねません。実践する場合は、待機時間が長いオフピークに試してみるのがよいでしょう。

日替わりオンラインのメリット・デメリット

日によって別のサービスで稼働することを「日替わりオンライン」といいます。複数のサービスに登録しておけば、「今日はUber Eats」「明日は出前館」というように、常に条件のよい環境を選ぶことができます。日替わりオンラインに挑戦するなら、「メイン＋サブの組み合わせ」で稼働するのがおすすめです。メインはUber Eatsや出前館のような安定感のあるサービスを選んでいて、サブは「menu」や「DiDi Food」などの勢いがあるサービスがよいでしょう。新規参入サービスは高額な報酬をもらえることが多いため、ボーナスやお友達紹介キャンペーン特典を狙って収入アップを目指しましょう。

◉オンライン方法ごとのメリット・デメリット

	メリット	デメリット
同時 オンライン	・待機時間が減って売り上げアップ ・アカウント停止リスクに対応	・実際にやってみると手間がかかる ・クエストが不利になる
日替わり オンライン	・常に条件のよいサービスを選べる ・アカウント停止リスクに対応	・とくになし

Section
68
「出前館」の
特徴を知ろう

🔑 国内最大級

🔑 自由度が高い

出前館は国内最大級のデリバリーサービスです。配達の自由度は高いですが、難易度も高くなるため、まずはUber Eatsで基本的な動作を身に付けてから始めるとよいでしょう。

¥ エリア担当制のため効率的に配達できる

国内最大級のサービス「出前館」の特徴を紹介します。

ポイント1. 報酬体系がシンプル

配達報酬は、1配達〇〇円と決まっているのでシンプルです。インセンティブなどに左右されることのない、納得感のある料金体系といえるでしょう。通常報酬の1.2倍や1.4倍などのキャンペーンも開催されています。

ポイント2. 長距離配達がない

登録する「拠点」ごとに担当エリアが固定されているため、原則3km以上の長距離配達がありません。長距離の配達が苦手な人にとっては、Uber Eatsよりも向いています。

ポイント3. 能力次第で高額報酬が狙える

出前館の配達は、オファーと呼ばれる案件の一覧から自分で選ぶ方式です。オファーには配達元と配達先の住所が表示されていて、2件以上を同時に受けることができます。何件もの受け取りと配達の最適ルートを同時に考えて配達する能力があれば、Uber Eatsよりも高額な報酬を狙うことができます。

サービス開始	2000 年 10 月
加盟店数	20,000 店舗以上
募集 URL	https://www.demaecan-gig-jobs.com/
サービス拠点	ほぼ日本全国（募集エリアは URL 参照）

「menu」の 特徴を知ろう

🔑 国産サービス

🔑 配達パートナーの声

menuはフードデリバリーの中でもっとも勢いのあるサービスの1つです。日本生まれのアプリという地の利を活かして、国内に最適化したサービスへと成長することが期待されています。

¥ 対応エリアが徐々に拡大してきている

国産サービス「menu（メニュー）」の特徴を紹介します。

◻ポイント1. 長距離配達が稼ぎやすい

menuの報酬体系は配達距離に応じた料金（距離料金）に特徴があります。「距離（km）×距離（km）×○○円」という計算になっているため、距離が長ければ長いほど売り上げが高くなります。

◻ポイント2. 貢献している人ほど優遇される

たくさん配達すると配達員ランクが上がり、インセンティブの金額も連動して上がるしくみになっています。menuのインセンティブにはUber Eatsのような短期的な期限がないので、配達員を急かすノルマのような感覚がないのもよい点です。

◻ポイント3. 配達パートナーの声が反映されやすい

上で紹介した2つの特徴は、いずれもUber Eatsの配達パートナーが抱いていた不満をもとに改善されたものです。国産のサービスゆえに、日本の宅配事情に合わせたサービス展開ができるのが最大の強みです。

サービス開始	2020 年 4 月
加盟店数	35,000 店舗以上（テイクアウト含む）
募集 URL	https://crew.menu.inc/crew/briefing/index
サービス拠点	ほぼ日本全国

第 **8** 章

兼業でもっと稼ごう

70

「DiDi Food」の特徴を知ろう

 初心者向け

 現金払い対応

DiDi Foodは、Uber Eatsと同様にライドシェアサービスから派生した中国生まれのサービスです。対応エリアはまだ一部のため、今後のサービス拡大が待たれます。

¥ 配達初心者でも安心して始められる

中国生まれのサービス「DiDi Food（ディディフード）」の特徴を紹介します。

■ ポイント1. 報酬体系のバランスがよい

距離料金は、「レストランから配達先の距離」＋「待機場所からレストランまでの距離」に対して支払われます。遠くのレストランからのリクエストでも受けやすいしくみになっています。

■ ポイント2. 配達アプリが初心者向き

配達アプリのインターフェースは、使いやすく初心者向きです。レストラン側の調理が遅れているときは、音声での案内やレストランへの確認指示があるなど、細かなフォローがあるため安心して配達できます。

■ ポイント3. 現金払い対応が必須

配達パートナーは、現金払いへの対応が必須となっています。したがって、どうしても現金払いに対応したくない人は現状ではやめておいたほうがよいかもしれません。アプリや報酬体系などのしくみにクセがないので、Uber Eatsの配達経験があれば、すぐにDiDi Foodでの配達に対応できるでしょう。

サービス開始	2020年4月
加盟店数	8,000店舗以上
募集URL	https://www.didi-food.com/ja-JP/delivery
サービス拠点	関西地方を中心に中部・中国・九州ほか

第 9 章

配達パートナーの
トラブル事例を確認しよう

Section 71

レストランとの
トラブル事例

🔑 対人トラブル

🔑 レストランからのお知らせ

レストランは大切なビジネスパートナーです。良好な関係を築くために、基本動作をよく理解して、臨機応変に対応していくことが大切です。

💴 レストランは大切なビジネスパートナー

　フードデリバリーにおいて、レストランは大切なビジネスパートナーであり、レストランと良好な関係を築くことは、配達パートナーの責務です。

　レストランとの間で発生する問題の多くは、対人トラブルです。したがって、仕事に臨む姿勢やマナーに気を付けていれば、たとえトラブルが発生しても、大きな問題に発展する前に解決することができます。以下のような配達パートナーとしての基本動作を意識しましょう。

配達パートナーの基本動作
・アプリの「レストランからのお知らせ」を必ず確認する
・入店したら笑顔で挨拶する
・はっきりと聞こえる声で注文番号を伝える
・店内のお客さんに気を配り、不快な印象を与えない
・受け取った料理をていねいに扱う
・スタッフとのやり取りで問題が発生しても、失礼な行動や態度を取らない
・問題があれば穏やかに話し合う
・当事者で解決できない問題はすぐにサポートに連絡する

　配達パートナーの基本動作における共通点は、相手への配慮・コミュニケーション・マナーを大事にするということです。いくら接客や対人関係がほとんどないフードデリバリーといえども、最低限の気配りは必要です。配達するうえで不都合がある場合は、自分だけの考えや意見に固執せずに相手に相談するくらいの気持ちで、穏やかに話をするように心がけましょう。

　大きなトラブルに発展するかどうかは自分次第です。配達パートナーとしてのふるまいを常に意識し、臨機応変に対応していくことが大切です。

第**9**章 ◆ 配達パートナーのトラブル事例を確認しよう

レストランとのトラブル事例と対処法を紹介します。Uber Eats以外のサービスについては、そのサービスのルールに従ってください。

容器が密閉されていない

フードデリバリーに加盟したばかりのレストランの容器は、密閉性に問題があることがあります。配達パートナーとして経験を重ねると、レストランで料理を受け取ったときに容器の問題に気付くことがあります。そのようなときは、配達パートナーとしての立場から、レストランのスタッフに容器や包装の改善を相談してみましょう。もし対応してもらえない場合は、サポートに連絡して指示をあおぎます。

料理ができ上がらない

配達パートナーにとって、時間はお金を稼ぐための貴重な資源です。とくにピークタイムには、1分でも待ち時間を減らして1件でも多く配達したいものです。レストランに到着してもなかなか料理ができ上がらない場合は、リクエストをキャンセルすることができます。ただし、リクエストをキャンセルする場合は、レストランのスタッフに状況を説明して理解を得るのがマナーです。

レストランの受け取り口がわからない

「フードデリバリーでの店舗名」と「実際の店舗名」が異なるゴーストレストランや、商業施設のレストランなどでは、料理の受け取り口がわかりにくいときがあります。その場合は「レストランからのお知らせ」で詳しく説明されているはずなので、まずはメモをよく読みましょう。それでもわからなければ、リクエストをキャンセルするか、配達アプリから電話をかけて確認します。

⊙レストランからのお知らせ

レストランからのお知らせ
・店舗でピックアップ
・ ████████████████████████
████████ ビルB1階 ※実店舗名は
████████

◀ ゴーストレストランや商業施設内のレストランは入口が見つけづらいので、メモに情報が書かれている。見落とさないように気を付けよう。

72

注文者との
トラブル事例

🔑 対人トラブル

🔑 お客様のメモ

フードデリバリーにおいては、注文者とのトラブルは絶対に避けなければなりません。配達に臨む姿勢やマナーに気を付けることで、対人トラブルの多くは避けることができます。

¥ 注文者とのトラブルは予防が大切

注文者とのやり取りは多くありませんが、トラブルになる可能性はゼロではありません。注文者が満足してサービスを使い続けることは、フードデリバリーの発展にもつながります。配達パートナーとして信頼されるよう、最善の取り組みをしましょう。

注文者との間で発生する問題の多くは、レストランと同じく対人トラブルです。そのため、仕事に臨む姿勢やマナーには十分に気を付けましょう。以下のような配達パートナーとしての基本動作を意識して行動すると、トラブルを避けることができます。

配達パートナーの基本動作
・アプリの「お客様のメモ」を必ず確認する
・笑顔で挨拶する
・はっきりと聞こえる声で、配達パートナーであることを伝える
・料理をていねいに扱う
・問題があるときは解決できるまで根気よく対応する
・注文者とのやり取りで問題が発生しても、失礼な行動や態度を取らない
・当事者で解決できない問題はすぐにサポートに連絡する

注文者とのトラブル回避の方法は、レストランとの場合と同様に、相手への配慮・コミュニケーション・マナーが大切になります。また、注文者との間に何らかの行き違いがあった場合は、伝え方に注意が必要です。たとえば、配達先の住所などが不明確な場合は、注文者の入力ミスと考えず「アプリの不具合が原因という前提」で接することでトラブルを回避できます。注文者に電話やメッセージをするときも「アプリの不具合で…」と前置きすることで、注文者・配達パートナーの双方に落ち度がないことがわかり、穏便に解決できます。

注文者とのトラブル事例と対処法を紹介します。Uber Eats以外のサービスについては、そのサービスのルールに従ってください。

「商品が足りない」「中身が違う」といわれた

配達パートナーは「注文番号」の確認はしますが、実際に袋の中身を確認することはありません。注文者に料理を渡したときに、「商品が足りない」「中身が違う」といわれたときは、まずは注文番号が正しいかどうかを確認し、以下のように対応します。

●注文番号が正しくない場合
レストランで間違った商品を受け取ったことになります。注文者に状況を説明したのちに、サポートに連絡して指示を受けましょう。

●注文番号が正しい場合
「注文者が注文アプリでサポートに連絡する」のが正しい対応です。注文者に説明して、直接サポートに問い合わせるように依頼しましょう。

目的地に着いたが注文者が不在・見当たらない

配達先のマンションに到着してインターホンを鳴らしても注文者からの返答がなかったり、屋外での受け渡しで指定の場所に行っても注文者が見当たらなかったりすることがあります。注文者が見当たらないときは、すぐに配達アプリから電話しましょう。Uber Eatsの配達アプリでは、注文者に電話して応答がない場合、10分のカウントダウンタイマーが作動します。タイマーがゼロになっても連絡が取れなければ、商品を渡さずに配達を完了することができます。手元にある料理は廃棄して構いません。

配達の途中でタバコの購入を依頼された

レアケースですが、アプリのメッセージ経由でフードデリバリーに関係のない依頼を受けることがあります。たとえば、「途中のコンビニでタバコを買ってきてほしい」などです。こうしたルール違反に遭遇したら、ていねいに説明したのちにきちんとお断りします。注文者に理解してもらえず、トラブルに発展しそうであれば、サポートに対応を求めることもできます。

Section 73 移動中のトラブル事例

🔑 交通事故

🔑 商品の破損

移動中に起こるトラブルは、交通事故や商品の破損など、リカバリーが難しいものばかりです。トラブルを起こさないために、できる限り注意して配達するようにしましょう。

¥ 移動中のトラブルはリカバリーが難しい

　移動中に起こり得るトラブルのパターンは限られていますが、交通事故や商品の破損など、リカバリーが難しいものになりがちです。そのため、移動中のトラブルは、起きてから対処するのではなく、そもそも起こさないようにすることが前提です。

　もっとも避けるべきトラブルは交通事故ですが、自分が気を付けてさえいればほとんどの事故は回避できます。フードデリバリーの交通事故の原因の多くは、以下の条件で発生しています。事故に遭わないだけでなく、遭わせないようにしましょう。

フードデリバリーにおける交通事故の主な原因
・交差点での出会い頭の衝突
・道路でのスリップ（夜間・雨天）
・急ブレーキによる転倒
・スマートフォンの「ながら運転」による衝突
・交差点直進中の「対向の右折車」との衝突（右直事故）
・車の横のすり抜け、タクシーのドアとの接触

　配達パートナーのTwitterアカウントを見ていると、配達中の事故報告を毎日のように目にします。相手車両の不注意が原因で自分に過失がないとしても、事故に遭ってしまっては、得るものよりも失うもののほうが大きいでしょう。

　交通事故に遭わないためには、正しいルールに従うことはもちろんですが、相手が正しいルールに従わないことも想定して、危険を回避することが大切です。事故と隣り合わせの仕事であることを忘れてはいけません。

　レストランから配達先までの移動中にありがちなトラブル事例と対処法を紹介します。

● 商品を破損した

　「雨の日にマンホールの上でブレーキをかけて転倒する」「道路の段差を超えるときの衝撃で料理がこぼれる」ことがあります。筆者も一度だけ失敗した経験があります。目的地のマンションに到着したときにビニール袋を確認したところ、料理の汁が漏れていることがわかりました。料理が破損したことに気が付いたら、すぐにサポートに連絡して指示を受けましょう。

● ほかの車と衝突した・歩行者と接触した

　「交通事故には十分に気を付けましょう」というと、多くの人は自動車との接触事故には注意しますが、自分が加害者となる「歩行者との接触事故」については忘れがちです。いずれの場合も事故に遭ったときは、「①怪我人の救助」「②警察、救急車への連絡」「③サポートへの連絡」「④保険会社への連絡」の順に対応しましょう。

　自身が無事であれば、まずは怪我人の救助と、警察・救急車への連絡を最優先します。連絡が取れる状態になったら、サポートと保険会社に連絡します。注文者への連絡とその後の処理は、サポートが引き継いでくれます。

● 配達車両が走行不能になった

　配達パートナーをしていれば、車両のタイヤがパンクしたり、自転車のチェーンが切れたりすることは日常的にあります。すぐに修理できないときは、以下のように状況に応じて柔軟に対処しましょう。「柔軟な対応」をするために必要なことは、その場で考えることではなく、事前にトラブルを想定して方針を決めておくことです。

走行不能になったときの対処法の例

・料理を受け取る前・・・・・リクエストをキャンセルする
・配達中で目的地まで遠い・・・サポートに連絡してキャンセルする
・配達中で目的地まで近い・・・徒歩で目的地に向かう

Section 74 現金に関する トラブル事例

現金払いへの対応は、配達収入を増やすうえでの有力な手段ですが、油断するとトラブルにつながることもあります。トラブルの多くは、配達パートナーの対応で防ぐことができます。

 慎重な対応

 手間を惜しまない

¥ 現金の扱いに「慎重すぎる」ことはない

現金払いのリクエストに対応すれば、配達リクエストの増加が見込めるため、待機時間の削減が期待できます。一方で、現金を受け渡す手間が増えたり、現金に関するトラブルが発生したりするリスクもあります。とくに金銭トラブルは一度発生すると解決が困難なため、未然に防ぐことが大切です。

注文者との間で金銭をやり取りするときには、いくら慎重になっても「慎重すぎる」ことはありません。以下の点に気を付ければ、金銭トラブルを防ぐことができます。

現金を扱うときの基本動作

・きちんと釣り銭を用意しておく
・注文者と1つずつ確認しながら進める
・受け取ったお金は受け皿で確認する
・釣り銭を渡すまで受け取ったお金をしまわない
・金額を間違えないように電卓アプリを使う

現金払いはキャッシュレス決済に比べて手間がかかるため、注文者との間で必要な確認を怠ってしまいがちです。たとえば、注文者から5千円を受け取ってお釣りを渡す場合、受け取ったお金をすぐにポケットや現金袋などにしまうのはNGです。お釣りを渡す際、「さっき1万円渡しましたよね」といわれてしまうと反論が難しくなるからです。相手に悪意がなく単なる勘違いだったとしても、その場ですんなり解決できないおそれがあります。トラブルを防ぐために大切なことは、「受け取ったお金」「渡すお釣り」を注文者といっしょに確認する手間と時間を惜しまないことです。

第 9 章 配達パートナーのトラブル事例を確認しよう

現金に関するトラブル事例と対処法を紹介します。

現金の受け渡しのときに釣り銭が足りないことに気付いた

ほとんどの注文者は小銭を出してくれるため、配達中に釣り銭が切れる心配はほぼありません。しかし、家を出た時点で釣り銭が不十分だったりすると、その可能性もゼロではありません。料理の受け渡しのときに釣り銭が足りない場合は、注文者に事情を説明したうえで、「①注文者に料理を渡す」「②釣り銭の調達に行く」「③戻ってお釣りを渡す」「④アプリで配達を完了する」の順に対応しましょう。なお、Uber Eatsでは「配達の完了」を実行すると、注文者の部屋番号が確認できなくなり、配達パートナーから電話やメッセージを送ることができなくなります。お釣りのやり取りがきちんと終わってからアプリを操作しましょう。

注文者が必要なお金を持っていなかった

注文者の手元に必要な現金がなくて支払いができないといったケースがあるかもしれません。その場合は、配達アプリで「乗客が料金を支払わなかった」または「乗客が料金の一部を支払わなかった」という理由を選んで配達を完了することができます。その後の支払いに関する注文者とのやり取りは、自動的にサポートに引き継がれるので、注文者に料理を渡して配達を終了します。

外国の硬貨などを渡された

渡された現金の中に外国の通貨が混じっていたという被害がSNSなどで報告されることがあります。支払いで小銭をたくさん渡されると、別のものが混じっていても見落とす可能性があります。こうしたトラブルを避けるためにも「受け皿」を使いましょう。現金の受け渡しミスや勘違いによるトラブルを確実に防ぐことができます。

受け皿の活用例

▲ お釣りを渡し終えるまでは、注文者から見えるようにしておく。

Section 75

配達アプリの トラブル事例

🔑 アプリの不具合

🔑 情報収集

配達アプリの不具合は、配達パートナーの業務に支障をきたすことがあります。アプリの不具合を防ぐことはできないので、解決手順の実行や情報収集に注力しましょう。

💴 配達アプリのトラブルは対処法を覚えておく

注文者、配達パートナー、レストランが利用するアプリは、それぞれのニーズやユーザーインタフェースの改良などのために定期的なアップデートが行われますが、アプリの更新によって新たな不具合が発生することも珍しくありません。ここでは、システムやアプリの不具合への対処法を紹介します。

◻ トラブルを解決するためのステップを決める

アプリのトラブルが発生した場合、サポートに問い合わせてもすぐに解決できることはありません。以下のように解決のためのステップを決めておいて、サポートに問い合わせる前に解決を試みるのが得策です。

アプリのトラブルは、まず何が起きているのか「①事象を特定する」ことから始めます。「住所の一部が見えなくなる」「マップのピンが消える」といったことです。不具合がわかったら、可能であれば「②1件配達して様子を見る」のも手です。一時的なものなら再発しない可能性があります。不具合が再現するなら、アプリの再起動や再インストールをして、「③不具合の解消を試みる」ことです。それでも不具合が解消しなければ、Twitterなどで「④情報を収集」します。不具合の解決策がわかることがあります。それでも解決しないようであれば、「⑤サポートに問い合わせ」をしましょう。

⊙アプリのトラブルを解決するためのステップ

ステップ1		ステップ2		ステップ3		ステップ4		ステップ5
事象を特定する	→	1件配達してみる	→	不具合の解消を試みる	→	情報を収集する	→	サポートに問い合わせる

第9章 配達パートナーのトラブル事例を確認しよう

配達アプリのトラブル事例集

Uber Eatsの配達アプリによくあるトラブル事例と対処法を紹介します。

配達の売り上げがアプリに反映されない

売り上げは配達を完了してから数分以内にアプリの管理画面で確認すること
ができますが、稀になかなか反映されないことがあります。また、クエストの
ようなインセンティブに対して、件数が反映されるまでに時間がかかることも
あります。売り上げやクエストのデータの反映には最大で48時間かかること
があるため、時間をおいてから確認します。それでも売り上げが確認できない
場合は、サポートに問い合わせましょう。

配達中に配達アプリがフリーズする・動きが重くなる

スマートフォンのスペック不足やアプリの不具合が原因で、フリーズした
り、動きが重くなったりすることがあります。配達できる場合はひとまず配達
を完了してから、操作できない場合はすぐに、アプリやスマートフォンを再起
動してみましょう。スマートフォン本体に原因があれば、それで問題が解消す
ることもあります。もしも配達の途中で問題が発生して続行が難しくなった場
合は、サポートに電話して指示を受けましょう。

マンション名が表示されない

住所不備のトラブルは、配達アプリの不具合が原因で発生することもありま
す。たとえば、注文者がきちんと入力しているにもかかわらず、配達アプリに
「マンション名が表示されない」などです。左ページの解決ステップに沿って
対処すると以下のようになります。

マンション名がわからなくても、Sec.76のように対処すれば配達はできる
ので、そのまま1件配達して様子を見ます。一時的な不具合であれば、以降は
発生しないこともあります。もし不具合が直らない場合は、アプリやスマート
フォンの再起動、アプリの再インストールなどを試します。それでも解決しな
い場合は、Twitterで情報収集してみて、ほかの配達パートナーの動向を確認
します。有効な情報がなければサポートに問い合わせます。

Section 76 住所不備の トラブル事例

住所不備

地図アプリ

配達パートナーがもっとも多く遭遇するのが、住所に関するトラブルです。アプリの不具合に起因する住所不備は予防が難しいため、対応方法を覚えて解決できるようにしましょう。

住所不備のトラブルは予防よりも対処が重要

住所に関するトラブルは、配達アプリの不具合や注文者の入力ミスなどによって発生します。そのため、どれほど配達パートナーが気を付けて配達していても、防ぐことができないものが大半です。つまり、住所に関するトラブルは、「どうやって防ぐか」ではなく、「どうやって対処するか」が重要です。トラブルを迅速かつ確実に解決するために、以下の点に気を付けましょう。

住所不備のトラブルを解決するための基本動作
・不足している情報・間違っている情報を見極める
・気が付いた段階で先手を打つ（注文者に連絡を取る）
・精度の高い地図アプリを使いこなす
・トラブルのパターンと解決方法を決めておく

◎ トラブル解決のカギは正しい情報を得ること

フードデリバリーにおいて、商品を目的地に確実に届けるためには以下のような基本情報が必要です。住所不備とは、この中の1つ以上の情報が間違っている、または不足していることを指します。したがって、住所不備のトラブルを解決する唯一の方法は「正しい情報を得る」ことです。

配達に必要な基本情報
・住所番地　　　例「○○区○○町1-2-3」
・建物名　　　　例「□□マンション」
・部屋番号　　　例「101号室」
・地図上でのピンの位置

ピンずれのトラブルの原因は日本の住所制度にもある

　日本には同じ住所の建物が意外に多くあり、それが原因でピンの位置がずれることがあります。番地が「〇〇区〇〇町1-2-3」に数軒の家があるパターンや、「〇〇区〇〇町1-2」という住所に数十軒の家があるパターンなどがあります。とくに後者は不便なので、戸別に役所に申請して「〇〇区〇〇町1-2-3」というように枝番を発行することも可能ですが、Google Mapは地図の精度が低いため、枝番付きの住所では検索できないことがあります。

　右はある地域のGoogle Mapの画面ですが、赤丸の中にある建物はすべて同じ住所です。このような場合、ピンは赤丸の中の適当な位置に立つので、確実にピンずれするというわけです。こうした事実を知っていれば、ゼンリン地図をベースにしているYahoo!MAPやドコモ地図ナビの必要性が理解できるでしょう。これらのアプリの使い方はSec.63で解説しています。

⊙ **同じ住所の建物の例**

ピンずれのトラブル事例集

▢配達先が集合住宅の場合のピンずれ

　住所の情報に不備があってピンずれしていても、配達先が集合住宅の場合は、比較的かんたんにトラブルを解決できます。配達アプリの住所欄で建物名を確認し、Yahoo!MAPなどの地図アプリで検索すれば、建物の正しい場所を特定することができます。

▢配達先が戸建ての場合のピンずれ

　戸建てのピンずれのときは、建物名で検索することができないため少し厄介です。この場合は、ドコモ地図アプリに住所を入力して検索します。ゼンリン地図情報をベースにしているので、戸建ての居住者の苗字までマップに表示されます。マップで注文者と同じ苗字の戸建てを見つけることができれば、そこが配達先の可能性があります。ただし、このケースでは誤配を防ぐために、置き配の指定であっても、注文者であることをインターホンで確認しましょう。

マンションの部屋番号が抜けている（集合住宅）

配達先の住所に、マンション名があって部屋番号がないのは、Uber Eatsアプリの定番の不具合です。このケースは住所不備であることは明らかで、調べてわかるものでもありません。目的地への移動を始める前に、注文者に部屋番号の確認メッセージを送っておきましょう。返答をもらう前に目的地に到着してしまったときは、その場ですぐに電話で確認します。

建物名と部屋番号が抜けている（集合住宅）

配達先の住所に建物名と部屋番号がないケースは、普通なら「配達先が戸建て」となりますが、Uber Eatsの配達アプリは住所関連の不具合が多いので、「マンション名と部屋番号が表示されない不具合」という可能性もあります。そのため、マンションへの配達という可能性を頭の片隅に入れながら目的地に向かいます。もし、目的地のピンの位置にマンションやアパートがある場合は、住所不備ということになるので、注文者に連絡をして部屋番号を含めた正しい情報をヒアリングしましょう。

大学キャンパスの○○棟への配達

大学のキャンパスや大規模マンションのように広い敷地に複数の棟がある場合、配達アプリのマップでは棟の区別がつかないことがあります。とくにマンションの場合は、棟に行くためのルートやエレベーターが限られていることもあり、現地に着いてから確認すると迷ってしまうことがあります。

このケースでは、ゼンリン地図を用いたYahoo!MAPやドコモ地図アプリを使いましょう。出発前に構内の棟の配置を確認することができます。

▲ 大学構内の様子が細かくわかるため、目的地まで迷わず配達できる。

第9章 配達パートナーのトラブル事例を確認しよう

付 録

副業の基礎知識を確認しよう

働き方改革と副業

🔑 規制緩和

🔑 企業の現状

働き方が多様化したことで、近年、「副業」という言葉をよく耳にするようになりました。ここでは企業の現状や規制緩和などについて説明していきます。

付
録

副業の基礎知識を確認しよう

🔍 副業ニーズが高まるも導入企業はまだ少ない

　2019年4月から「働き方改革関連法」が段階的に施行され、働き方改革の実現に向けてさまざまな取り組みが行われています。近年では働き方が多様化し、テレワークやフレックスタイム、ワークシェアリングなど、ライフスタイルに合わせた柔軟な働き方が可能になりました。

　そのような中、働き方改革の一環として政府が推進しているのが「副業」や「兼業」です。コロナ禍の今では、単なるお小遣い稼ぎとしてではなく、収入を安定させるための手段として始める人も多くなっています。株式会社リクルートキャリアが行った「兼業・副業に関する動向調査」によると、企業に勤める正社員のうち、約9.8%が兼業・副業を実施しているという結果が出ています。兼業・副業への関心が高いのは20 〜 30代の若年層が多い一方で、いまだ多くの企業が兼業・副業を認めていないという実態があります。

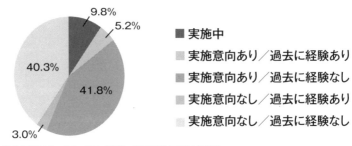

◉兼業・副業の実施状況（2020年12月時点）

- 9.8%
- 5.2%
- 41.8%
- 3.0%
- 40.3%

- ■ 実施中
- ■ 実施意向あり／過去に経験あり
- ■ 実施意向あり／過去に経験なし
- ■ 実施意向なし／過去に経験あり
- ■ 実施意向なし／過去に経験なし

出典：株式会社リクルートキャリア「兼業・副業に関する動向調査」
https://www.recruit.co.jp/newsroom/recruitcareer/news/20210225_02cuj4f.pdf

▲　兼業・副業を実施しているのは9.8%だが、全体の約半数以上が意向を示している。

過重労働や情報漏えいへの懸念

　厚生労働省は2018年1月に、企業が就業規則を作成する際の指針となる「モデル就業規則」において、これまで「許可なく他の会社等の業務に従事しないこと」とされていた規制が、「勤務時間外において、他の会社等の業務に従事することができる」に改定されました。この改定によって企業で副業が解禁され、新しい働き方として注目を集めています。

　ところが、前述したとおり、現状では兼業・副業制度がある企業はごくわずかであり、多くの企業では禁止されています。その主な理由として、「社員の長時間労働を助長する」「労働時間の管理・把握が困難」「情報漏えいのリスクがある」などが挙げられています。

◉企業が副業の導入に踏みとどまる主な理由

長時間労働	労働時間の管理・把握	情報漏えい

 副業は企業側にもメリットをもたらす

　副業することで、働く側にとっては、収入の増加や本業では得られない新たなスキルや経験を得られるなどのメリットがありますが、企業側にもメリットが期待できます。たとえば、副業で得たスキルや知識を自社で活かすことができれば、より効率よく業務を遂行できるようになるでしょう。

　また、育児や介護など、さまざまな事情で一時的に勤務できない場合も退職せずに済むため、結果的に従業員の定着率が向上したり、優秀な人材を失わずに済んだりすることができるのです。自身が興味ある分野に積極的にチャレンジできる環境を整えることは、従業員の自律性や自主性を育み、企業側にも大きなメリットをもたらします。

付録

副業の基礎知識を確認しよう

サラリーマンの規則と副業

🔑 労働基準法

🔑 機密情報

働き方が多様化した今、会社に勤めながらも副業で収入を増やすサラリーマンが増えてきています。労働時間や会社への報告など、副業にまつわる制限を押さえておきましょう。

🕐 労働時間はルールが定められている

　副業を始めるうえでまず知っておかなければならないのが「労働時間」です。労働時間は「労働基準法」という法律で以下のように定められています。

第三十二条

　使用者は、労働者に、休憩時間を除き一週間について四十時間を超えて、労働をさせてはならない。

2　使用者は、一週間の各日については、労働者に、休憩時間を除き一日について八時間を超えて、労働させてはならない。

　つまり、法定労働時間は1日8時間、週40時間と定められており、副業する場合も同様に労働基準法が適用されます。これを超えた場合は時間外労働とみなされ、残業代が支払われるようになります。注意したいのは、本業と副業の労働時間が通算されるということです。たとえば、本業で8時間、副業で3時間働く場合、3時間分の時間外手当が受けられるのです。

⊙本業と副業の労働時間に要注意

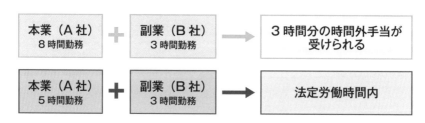

▲　本業と副業の労働時間は通算される。両者のバランスを見て決めることが大切だ。

機密情報の流出には要注意

　副業する場合、機密情報の取り扱いには十分な注意が必要です。業務内容によっては、本業で培ったノウハウや重要な情報が副業先の会社で有用になることがあるため、機密情報が流出するリスクがあります。副業を認めている企業では情報漏えいを不安視する声も多く、就業規則で「秘密保持義務」や「競業避止義務」を遵守するように求めたり、本業と競業するような企業では副業しないことを定めた誓約書を提出させたりするところもあります。機密情報が漏えいすれば企業にとっても大きな損害を被ることになるため、厳重な取り扱いが求められます。

秘密保持義務

競業避止義務

重要

会社への報告はどうする?

　副業を始める際に多くの人が悩むのが、会社へ報告すべきかどうかということです。副業を始める段階まで進んだら、まずは自社の就業規則を確認するようにしましょう。申請が不要な会社もありますが、中には所定の手続きを踏んだり、書類の提出を求めたりする会社もあります。副業が認められていても、手続きせずに副業した場合は何らかの処分が下される可能性も考えられるため、就業規則に則って判断するようにしましょう。

公務員は制限が多い

公務員の副業や兼業は法律で禁止または制限されています。その理由として、「公務員として信用を落とすような行為をしてはならない(信用失墜行為の禁止)」「職務上の秘密を漏らしてはいけない(守秘義務)」「本職に専念しなければならない(職務専念の義務)」の3原則があります。基本的には許可がなければ副業できませんが、そのハードルも高いとされています。無許可での副業は懲戒処分や停職になるリスクがあるため十分に注意しましょう。なお、上記に挙げた3原則に該当しないものとして、一部認められている副業もあります。

付録

副業の基礎知識を確認しよう

雇用契約の種類と契約書の見方

付録
3

🔑 契約形態

🔑 契約書

副業にはさまざまな契約形態があります。それぞれで業務内容や報酬などの条件が決まるため、副業を始める前に確認しておきましょう。契約書のチェックポイントも解説します。

付録

◇ 副業の基礎知識を確認しよう

副業は業務委託契約が主流

　副業の契約形態には、正社員や契約社員、パート・アルバイトとして会社に雇われて働く「雇用契約」、企業が個人に対して特定の業務を委託する「業務委託契約」の2種類に大別することができます。さらに業務委託契約は、成果物の納品によって対価が支払われる「請負契約」、成果物がなくても対価が支払われる「委任契約」に分けられます。一般的に副業で働く場合は、業務委託契約の形を取ることが多いでしょう。

◉雇用契約のしくみ

契約形態

雇用契約	→ 請負契約：成果物の納品を目的とする
業務委託契約	→ 委任契約：業務の遂行を目的とする

　このように、副業といってもその契約形態はさまざまです。契約形態によって責任を負う範囲も異なるため、事前によく確認するようにしましょう。

　また、保証内容も異なります。労働法や社会保険などが適用される雇用契約に対して、業務委託契約ではそうした保証がありません。そのため、労働時間に規制がなかったり、労働保険が適用されなかったりするなど、すべて自己責任になってしまうため、自身で加入する必要があります（本業で社会保険に加入している場合はそのまま適用されます）。

契約書でチェックすべき項目

　副業の場合も、契約形態を問わず契約書を交わすことになるため、あとでトラブルに発展しないよう、不審な点がないかどうかを慎重に確認することが大切です。中には書面を作成せずに口頭のみで契約を結ぶところもあるようですが、万一トラブルが発生した際に、口頭では契約内容を証明することが困難です。良好な関係を築いていくためにも、必ず書面で契約を交わし、以下に挙げるチェックポイントをよく確認して、あいまいな部分がないようにしておきましょう。

◉ 契約書のチェックポイントの一例

項目	概要
契約形態	請負契約または委任契約の2種類があり、それぞれで責任を負う範囲が異なる
業務内容・成果物	求められる業務範囲や成果物に関する記載。相違がないよう明確に記載されているかを確認する
報酬金額・算出方法・支払い方法	報酬金額のほか、算出方法や支払い方法、支払い日に問題がないかを確認する
業務にかかわる経費	業務を行ううえで発生する経費がどの範囲まで認められるかを確認する
納期・契約期間・契約解除	成果物の納期や契約の期間などを確認する。契約更新・解除の条件なども忘れずに確認する
損害賠償	万一トラブルが起きた際に、その責任範囲や上限額を確認する
瑕疵担保責任	成果物を納品したあと、ミスや不具合などが見つかった際に補償する責任。責任範囲のほか、企業側が行使できる権利などを確認する
知的財産権	成果物の「知的財産権」をどちらが所有するかを確認する
秘密保持	業務を通して得た情報には守秘義務が生じる。機密情報の取り扱い方法や範囲について確認する

税金と確定申告

🔑 税金

🔑 確定申告

副業する際に避けて通れないのが確定申告です。副業で収入を得ている場合でも、一定以上の収入を得ている場合には申告しなければなりません。ルールに従って手続きしましょう。

税金は所得の種類によって異なる

　本業と同様に、副業で働いて収入を得た場合にも、その所得に応じた所得税と住民税を支払わなければなりません。所得は10種類に分類され、それぞれで必要な経費の範囲や所得の計算方法が異なります。ここで主なものを紹介するので、自分が得た収入がどの分類になるのかを確認しましょう。

◎主な所得の種類

所得区分	説明
給与所得	パートやアルバイトなどで得た給料による所得。収入金額（源泉徴収される前の金額）から給与所得控除額を差し引いたものが課税対象となる
不動産所得	マンションやアパートなどの賃貸から得た所得。家賃や敷金礼金などの総収入金額から必要経費を差し引いたものが課税対象となる
事業所得	サービス業や農業・漁業などの事業として得た所得。総収入金額から必要経費を差し引いたものが課税対象となる
雑所得	アフィリエイトやライティングなどで得た所得。総収入金額から必要経費を差し引いたものが課税対象となる

 税金を算出する

副業でどのくらい税金がかかるのかを知りたいときは、税金をシミュレーションできるサイトを活用するとよいでしょう。freeeが無料で提供している「副業の税額診断」（https://www.freee.co.jp/kojin/fukugyou/tax-simulation/）では、本業や副業の収入、経費の割合を入力するだけで、所得税や住民税、社会保険料などが自動的に算出されます。確定申告のときに慌てないよう、事前に診断しておおよその金額を把握しておくと安心です。

付

録

副業の基礎知識を確認しよう

確定申告は早めに準備しておくのがカギ

　副業での所得が年間20万円を超えた場合は、確定申告の手続きをする必要
があります。ただし、会社員で副業による所得が給与所得の場合、年間20万
円以下でも白色申告（下記参照）による確定申告が必要です（給与所得の総額
を申告する必要があるため）。また、この20万円というルールは所得税に対し
て適用されるものであり、所得が1円以上ある場合は別途住民税の申告が必要
です。

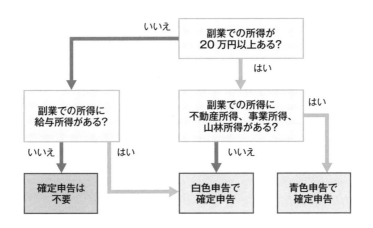

　所得税の確定申告には、「青色申告」と「白色申告」の2種類があります。
青色申告は複式簿記（取引を複数の科目で記載する方式）で帳簿を記録しなけ
ればならないため、複雑で手間がかかりますが、最大65万円が控除される制
度が用意されています。一方、白色申告は青色申告の申請を行っていない人が
するものです。事前の申請が不要だったり、かんたんな記帳のみで済んだりす
るなど負担は少ないですが、青色申告のような控除は受けられません。

　なお、確定申告書は、毎年2月16日〜 3月15日までの1カ月間が提出期間
と定められています。万一提出期限を過ぎた場合は承認されないので、事前に
準備しておくようにしましょう。確定申告書の作成が難しそうだと感じたり、
面倒くさいと思ったりする人も中にはいるかもしれません。そのようなとき
は、「やよいの青色申告オンライン」や「freee」などの確定申告ソフトが便利
です。日々の収入と支出を入力するだけで複雑な複式簿記が作れるため、青色
申告をする場合は活用してみることをおすすめします。

索引

近藤寛（こんどうひろし）

1981年、神奈川県生まれ。副業アドバイザー。
2007年に東京工業大学大学院にて修士課程を修了後、国内大手 Sler 系システム会社に入社。プロジェクトマネージャ兼システムエンジニアとして、11年間で多くのシステム開発案件に携わる。サラリーマンとして働くかたわらで、経済的に会社に依存することに疑問を持ち始め、副業に取り組む。2018年に同社を退社後、副業アドバイザーとして独立。Uber Eats を含むさまざまな副業に取り組み、実践的なノウハウを蓄積しつつ、副業に関する情報発信やアドバイスを行っている。

● 編集／ DTP …………………………リンクアップ
● カバーデザイン …………………………坂本真一郎（クオルデザイン）
● カバーイラスト …………………………高内彩夏
● 本文デザイン …………………………リンクアップ
● 編集担当 …………………………土井 清志（技術評論社）
● 技術評論社 Web ページ ………………http://book.gihyo.jp/116

■問い合わせについて
本書の内容に関するご質問は、下記の宛先まで FAX または書面にてお送りください。なお電話によるご質問、および本書に記載されている内容以外の事柄に関するご質問にはお答えできかねます。あらかじめご了承ください。

〒 162-0846
東京都新宿区市谷左内町 21-13
株式会社技術評論社　書籍編集部
「Uber Eats 副業で月収 10 万円」質問係
FAX：03-3513-6167

※ご質問の際に記載いただいた個人情報は、ご質問の返答以外の目的には使用いたしません。
　また、ご質問の返答後は速やかに破棄させていただきます。

Uber Eats <ruby>ウーバー<rt>ウーバー</rt></ruby> イーツ 副業で月収 10 万円

Uber Eats ウーバーイーツ 副業で月収 10 万円

2021 年 9 月 15 日　初版　第 1 刷発行

著者　　　　近藤 寛
発行者　　　片岡 巌
発行所　　　株式会社技術評論社
　　　　　　東京都新宿区市谷左内町 21-13
　　　　　　電話：03-3513-6150　販売促進部
　　　　　　　　　03-3513-6160　書籍編集部
印刷／製本　日経印刷株式会社

定価はカバーに表示してあります。

ISBN978-4-297-12295-9 C0034

Printed in Japan